广播影视类“十三五”规划应用型教材
总主编　高晓虹

TV PROGRAMMES PRODUCTION TECHNIQUES

电视节目制作技术

主　编　刘忠波

中国传媒大学出版社
·北京·

本书编辑委员会

序 一

应用型高等教育作为高等教育发展中的一个重要类型，肩负着培养面向生产、建设、服务和管理第一线需要的高素质应用型人才的使命，在加快推进社会主义现代化建设进程中具有不可替代的作用。

近年来，随着我国新型工业化、建设社会主义新农村和创新型国家对高技能人才要求的不断提高，应用型高等教育既面临着极好的发展机遇，也面临着严峻的挑战。现实形势要求应用型高等教育必须体现时代精神和社会发展要求的人才观、质量观和教育观，改革与构建适应经济与社会发展需要的专业方向、专业结构、课程体系、教学内容、教学环节、教学方法以及教学手段，全面提高教学水平，在教学中充分体现“应用”二字，强化学生职业素质与职业能力的培养。

在应用型高等教育中，课程建设与改革是提高教学质量的核心，也是教学改革的重点和难点。根据技术领域和职业岗位(群)的任职要求，参照相关的职业资格标准，改革课程体系和教学内容，建立突出职业能力培养的课程标准，规范课程教学的基本要求，提高课程教学质量，是应用型高等教育深化内涵建设的必然要求。

基于上述应用型高等教育的发展要求，我们组织编写了本套丛书，把工学结合作为应用型高等教育人才培养模式改革的重要切入点，带动专业调整与建设，引导课程设置、教学内容和教学方法改革，并积极推动高等院校与行业、企业合作开发课程，抓好知识目标、能力目标和职业目标三个关键环节的落实，探索任务驱动、项目导向、理实一体、岗位实践等有利于增强学生职业能力的教学模式。并从适合应用型高等教育需求这个角度，做了以下尝试：

首先，在课程设置上，针对专业所在的职业领域，邀请企业的技术骨干、人力资源管理者及行业专家和院校的骨干教师，通过访谈、问卷和研讨，确定职业岗位对技能型人才在知识、技能和职业素质等方面的具体要求，结合目前专业教学的现状，共同分析讨论课程的设置，通过科学合理的课程布局，对课程进行了合理的调整，确立了课程门类及教学内容。

其次，在编写思路上，依照电视节目制作的认知规律和行业岗位的要求，构建由浅入深、循序渐进、基于工作过程的写作框架；按照学习的循序渐进性，梳理出相关课程的知识点；在每个学习单元的写作上，由任务驱动导入知识和技能点，再用工作任务、项目实践巩固知识技能，使用精准的知识点和针对性强的项目实践训练，有效地将知识转化为技能；并始终贯彻符合电视节目制作工学结合的教材编写理念；注重知识点、单项技能训练和以项目为实现目标的综合技巧训练相结合，突出它们之间的内在联系，让这些知识和技能在项目实践中有效融会贯通。

再次，在编写人员构成上，充分发挥跨地区与跨院校教师之间、院校与企业之间的团队协作，校企合作，校际联合共同开发教材。丛书的作者大都是长期从事专业教学、研究和实践，积累了一定的教学和实践经验的院校教学人员、企业、专业机构资深的工作人员。他们在对教材编写现状、学生岗位能力要求进行充分调研的基础上，吸收第三方社会调查机构的相关评价，制定职业能力培养的课程标准，规范课程教学的基本要求，并根据课程标准和要求进行教材编写，充分体现了应用型高等教育的专业性、职业性与岗位性等特点。

最后，在教学的积累上，丛书教材以讲义、校本教材或者培训教材等形式已经试用了数年，教学效果良好。同时，教材配有电子教案、课件、课程教学网站、实验素材等，方便随时、随地进行网络化学习的需求。

现在，我们将这套丛书呈现给广大读者，衷心希望教材能在相关课程的教学中发挥积极作用，并得到读者的青睐。我们也真诚希望同行专家和读者予以批评指正，使这套教材在教学实践的检验下，不断得到改进、完善和提高，为中国特色应用型高等教育的课程建设做出微薄贡献。

教育部高等学校新闻传播学类专业教学指导委员会主任委员

中国传媒大学新闻传播学部学部长、教授

高晓虹

序　二

在担任2006—2010年教育部高等学校高职高专广播影视类专业教学指导委员会主任委员期间，我结识了一批热爱高等教育、献身高等教育的仁人志士，并一起努力推动相关专业建设与改革以及教材建设。

教材是保证高职教学质量的重要载体，一直是教指委的重要工作。我先后组织专门的师资力量编写出版了“影视动画专业”“影视广告专业”“主持与播音专业”“新闻采编与制作专业”系列教材。本计划为广播影视类所有专业都编写一套系列教材，由于时间等方面的原因未能实现，深感遗憾。

今天，收到中国传媒大学出版社寄来“电视节目制作专业”主干课程教材编写印刷清样让我指导。我非常兴奋，兴奋的不是因为我水平高，而是感到当初未完成的事业有人继续。详细阅读了出版社送来的所有印刷清样，我认为这套教材有下列几个特点：

一是编写理念新：以校企合作、工学结合、教学做合一等职业教育理念指导教材建设，保障了人才培养的应用性、技能型。

二是编写体例新：以学习目标、任务导入、基本知识、专业技能、实训项目、考核评价为模块进行每一章节的编写，保障了学生学习的系统性和渐进性。

三是风格新：将理论和实践、理性和感性、简明和生动有机融合，保障了学生学习的积极性和高效性。

“电视节目制作专业”主干课程教材的编写，是深化该专业人才培养模式改革的重要途径和成果，也必将为高等院校相关专业人才培养提供有益的参考。

全国广播影视职业教育教学指导委员会副主任委员

山西传媒学院原院长、教授

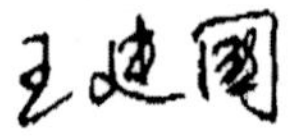

前　言

电视是一种技术媒体，天然地具有技术基因。

在日新月异的视听新媒体时代，电视节目制作技术不断地演化、进步，但万变不离其宗，电视节目制作技术始终是广播电视行业的基石。实际上，电视节目制作技术对于培养新媒体时代广电专业应用型人才的重要意义，也一直被传媒行业的专家学者所重视。

传统电视以磁带体系为中心，经过磁带摄像机拍摄、编辑机编辑，然后通过广播系统传播到千家万户。电视制作日益日常化、栏目化或频道化，除了电视剧等类型，大多数电视节目相较于电影制作成本低廉，处于以广告为盈利模式的产业体系之中。数字技术的发展使得电视技术呈现出数字一体化的趋势，拍摄、剪辑、特效和放映/广播等都在数字技术体系中完成，数字技术让电视制作更为便捷，也拓展了电视节目创作的空间，改变了传播形式。电视节目对于技术的依赖和追求一直没有发生变化。

在应用型广播影视教育体系中，“电视节目制作技术”属于必修基础课程。本书以新媒体环境下的电视节目制作技术为基本线索结构全书，一方面保留了传统电视节目制作的历史过程和技术特点，以便学生能够具备技术史思维；另一方面，并没有停留在传统电视技术的讲述上，而是以新媒体时代电视节目制作技术体系为重点进行讲述，与时俱进。本书第一部分概括介绍了电视节目制作技术的发展阶段和数字电视节目制作的技术指标体系；第二部分分别对电视节目制作的摄像技术、声音技术、非线性编辑技术、演播室技术和后期制作技术等不同环节的技术知识进行了细致的讲解，图文搭配，力求结构布置合理，内容条理清晰。本书的每个单元都配上了相关主题的电视节目制作技术应用案例，最终呈现出一个直观、立体的电视节目制作技术知识体系。本书既适合广播影视专业的教学使用，也十分方便于学生自学，通过典型案例的介绍，使学生在掌握电视节目制作技术知识的基础上，达到举一反三、触类旁通的学习效果。

应用型高等教育的课程设置、教学内容和培养方式都越来越重视学生的综合职业能力的培养。在编写本书的过程中，编写组认真研究了当前广播电视类应用型高等教育工学结合的发展现状，也将培养学生的实际操作能力作为主要教学目标，鼓励学生到电视节目制作现场进行观摩和实操。为了避免纸上谈兵的纯理论讲授，本书的项目实训以每个学习单元的重点内容的形式呈现出来，并对现场实操提供理论链接，让学生在实践中深入掌握技术知识。

本书的内容设计、构架、统稿由主编刘忠波负责，各单元具体分工如下：学习单元一“电视节目制作概论”由刘忠波撰写，学习单元二“电视节目制作技术基础”由刘忠波撰写，学习单元三“高清电视和超高清电视技术”由刘忠波撰写，学习单元四“电视摄像技术”由许祥一、耿盈章撰写，学习单元五“电视声音技术”由许祥一撰写，学习单元六“非线性编辑技术”由刘忠波撰写，学习单元七“电视演播室技术”由赵思媛、张源撰写，学习单元八“后期合成技术”由刘忠波、邵寒冰撰写。谢宏澜、柯绵绵、孙睿、金鑫、任萱、陈长恺参与了前期调研、资料收集等工作，张影参与撰写了项目实训方案，本书完成初稿后，关叶欣、卢宏博、赵贝贝参与了统稿和补充修改工作。中国传媒大学出版社编辑蒋倩在每一个环节都认真把关，为本书出版付出了辛勤劳动。

目 录

学习单元一
电视节目制作概论

学习目标

（一）知识目标

1. 理解电视成像的基本原理。
2. 了解电视制作技术的几个发展阶段。
3. 了解线性编辑的几个发展阶段。
4. 了解非线性编辑的几个发展阶段。
5. 了解电视节目制作基本流程和方式。
6. 了解国内外先进电视节目、栏目和频道的制作方式和流程。

（二）能力目标

1. 掌握电视节目制作的主要流程。
2. 掌握ENG、EFP和ESP电视节目制作主要方式的基本内涵。
3. 了解中国广播电视技术发展潮流以及当前全球广播电视先进技术设备和发展成果，培养学生搜集相关电视技术发展趋势资料的能力以及对电视技术发展的兴趣。

任务描述

任务一：对某一档电视节目录制现场进行实地考察，了解其前期筹备、现场摄制及后期制作等阶段的具体工作内容，熟悉并理解电视节目的制作流程，能够形成对电视节目制作技术的整体认识。

任务二：通过参加国内外广播、电影、电视展览会等活动，关注与电视技术相关的前沿问题，并能结合广播电视技术发展潮流，举出反映电视制作技术发展趋势的实例。

一、电视节目制作技术发展简史

（一）电视的基本原理与技术发展阶段

电视（Television）通过显像管将电视信号转换为对应的像素，并利用人眼的“视觉暂留”效应，将一帧帧静止的图像连接成活动画面，完成视听内容的传达。电视的发明与现代科技的发展密不可分，电视借助电子技术以有线或无线方式接收传输的电视信号，并对活动的图像进行光电转换，重现活动图像。

大致来讲，电视技术的发展经历了机械式、机电式和电子式三个阶段。

1884年，俄裔德国工程师保罗·尼普科夫发明了以机械式光电扫描盘为核心（即获得专利的“尼普科夫圆盘”）的“电视望远镜”，这一仪器以机械扫描的方式将图像转换为电子信号，是电视发明的雏形。“尼普科夫圆盘”在电视发明史上的意义在于明确了电视技术的基本原理，即先将图像分解为多个像素，并逐行进行传输，在像素快速地逐行、逐场地出现的过程中，利用人眼的视觉暂留功能，将画面还原。

1924年，英国科学家约翰·洛吉·贝尔德（J. L. Baird）向1.2米外的地方用电话线传送了一个“十”字影像，这一过程便是建立在“尼普科夫圆盘”原理的基础上完成的。次年10月，贝尔德首次实现了在电视上显示出人的头像，完成了传输、显示电视画面的实验过程。1926年1月26日，贝尔德在伦敦正式演示了他发明的图像信号远距离发射和接收设备，宣告了世界首台电视的诞生。贝尔德也因此被称为“电视之父”。

在电视研制方面，以德国科学家卡罗·鲁斯（Carlo Ruth）为代表的研究者们为电视科技的进步做出了重要贡献。1942年，卡罗·鲁斯领导的研发小组制作出了新的电视设备，即利用两个由同步马达连接起来的尼普科夫圆盘作为发射和接收信号的两端，圆盘直径1米，各有48个直径为1. 5毫米的小孔，每秒同步转动10场画面，能够完成48行信号的扫描。实验发现，其投射到另一台接收机上的图像清晰度远高于贝尔德的电视。整体而言，机电式电视的传播距离较短，图像清晰度较低，而过小的孔洞又无法实现较好的透光效果，机电式电视发展遭遇瓶颈。

20世纪20年代，光电发射管和接收管问世，电子式电视发展起来。早在1912年，美国俄裔物理学家弗拉基米尔·兹沃雷金（Vladimir Kosma Zworykin）开始研究电子摄像技术，并在1923年获得了光电发射管的发明专利权，光电发射管采用电子扫描来摄取图像。1924年，电子电视模型出现，关键部件为光电摄像管。

1931年，兹沃雷金对原有不够理想的模型进行改进，并做了一个完整的光电摄像管系统实地试验：将一个由240条扫描线组成的图像传送给6.4千米以外的一架电视机后，再用镜子将9英寸显像管的图像反射到电视机前，就完成了电视显像电子化的过程。

1936年11月2日，电子电视系统在英国伦敦亚历山大宫被正式采用。当天，英国广播公司通过电子电视系统播出的一场歌舞节目被公认为是世界上第一次电视节目的广播。第二次世界大战之后，电视迎来了快速发展时期。1946年6月，英国广播公司第一次播送了彩色电视节目《胜利大游行》，并恢复了固定电视节目的播出；1949年到1951年，美国国内电视机数量从一百万台增加到了一千多万台，此外，美国还成立了数百家电视台，完成了大量电视节目的播出。至此，电视的基本技术体系得到奠定。

（二）电视节目制作编辑技术的几个发展阶段

电视节目制作的编辑技术经历了物理剪辑、电子编辑、时码编辑、数字磁带编辑、非线性编辑等几个阶段，其发展过程和电子技术、计算机技术的发展密切相关。

电视节目制作的编辑技术大致分为线性编辑和非线性编辑两种。线性编辑指以时间轴为基础，按照时间顺序编排素材。传统的线性编辑经历了四个发展阶段。

1. 物理剪辑

由于技术水平的限制，电视节目缺乏记录的载体。早期电视节目采取直播的形式，由电视摄像机在演播室里记录节目的图像和声音，或是直接拍摄电影放映机放映出来的电影画面，之后传送到播出设备和发射机，并输送到播出终端电视机。

电视编辑早期使用的是电影剪辑的方式。编辑人员先对磁带上的磁迹进行定位，随后使用切片器在剪辑点的位置进行剪切，最后再用胶带（胶水）把所需片段粘接在一起。这种编辑方式会使磁带遭到永久的物理损伤，编辑点的选择也不够准确。

2. 电子编辑

随着录像技术和录像机技术的发展，电视节目制作摆脱了物理剪辑模式，进入电子编辑阶段。20世纪60年代初，第一台电子编辑机问世，采用这种设备不必剪断录像带就能进行画面剪辑。换言之，电子编辑就是对素材镜头进行筛选、排列，再按顺序转录到另外一盘磁带上。与机械编辑相比，电子编辑有两大优点：其一，编辑过程以电子方式进行，也就避免了机械编辑造成的磁带损伤；其二，因为不必剪断磁带，原版母带可以被保护得很好。[①]

3. 时码编辑

1967年，美国电子工程公司（EECO）在电影胶片片孔号码定位的启发下，研制出了EECO时码系统。两年后，SMPTE/EBU时码（见图1-1）确立了国际标准，实现了以小时、分钟、秒和帧为单位对磁带位置进行标记。

时码是一种记录在磁带上的地址数字码，又称为时间码或TC（Timecode）码，借助时、分、秒、帧等来标示图像在磁带上的位置。在磁带地址的标示上，时码具有绝对性，即每一帧画面与一个时码相对应。通用的时码有LTC（Linear Timecode）和VITC（Vertical Interval Timecode）两种。

---

① 安德森. 电视编辑与后期制作[M]. 王寒松，译. 北京：中国电影出版社，1993：7.

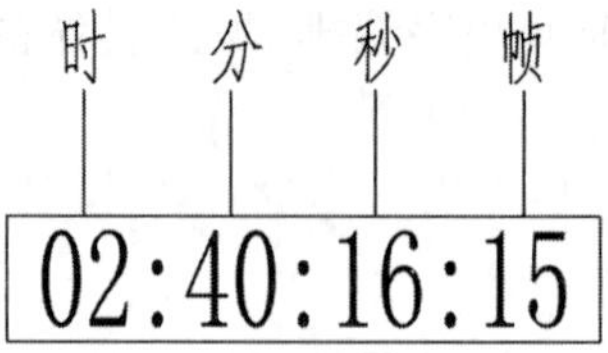

图1–1　SMPTE / EBU时码

其后，录像机、放像机同步预卷编辑、编辑预演、自动串编、脱机粗编和多对一编辑等编辑技术和编辑控制设备不断涌现，这些都是基于时码的编辑革新。时码编辑是电视节目编辑的一种方法，属于线性编辑，时码可提供精确的编辑点位置，从而提高编辑效率和编辑的精准程度。在磁带录像机中，时码技术可快速准确地检索电视画面。然而，相较于非线性编辑而言，时码编辑受到信号记录媒体的固有限制，且其设备构成复杂，操作烦琐，不能实现实时编辑点定位等功能，同时，时码编辑也无法避免因磁带复制造成的信号损失。

4. 数字磁带编辑

在电视从模拟技术向数字技术的转变过程中，电视信号也实现了数字化，数字磁带编辑时代来临。1982年，广播级质量的数字电视编码标准CCIR601出台，被称为ITU–RBT601标准，该标准由原国际无线电咨询委员会（CCIR）制定。D1、D2、D3、D5、DCT、DVW、DVCPRO等多种型号的数字磁带录像机均在不同程度上遵循了ITU–601的标准和要求，只是在压缩编码的格式上有所差异。

1996年以后，电视节目后期制作过程中大量使用了数字录像机。数字录像机将记录下的图像和声音信号量化，其数字信号的转换形式大大提高了图像质量，成功解决了由于多版复制而造成的模拟录像机信号损失的问题。数字录像机与其他数字制作设备和播出设备的共同使用，构成了完整的数字制作和播出大系统，极大地提升了电视节目制作质量。然而，数字录像机和数字录像带仍属于传统意义上的电子编辑形式，与模拟磁带编辑相比，数字磁带编辑虽提升了节目编辑制作质量，却仍为按时间顺序的线性编辑方式，本质上没有变化。

5. 非线性编辑

与传统磁带编辑的方式相比，非线性编辑以计算机系统为基础平台，随机选取素材，无须按照时间顺序编排，可随意对编辑内容进行插入、组合或删除。从编辑方式上讲，传统的电影剪辑，即以胶片为载体的影片剪接也是一种非线性编辑方式。

20世纪70年代，美国开始使用非线性编辑系统。早期阶段的模拟非线性编辑系统的图像信号通过调频方式被记录在可装卸的磁盘上，编辑过程中，通过对磁盘的随机访问，即可随时确认编辑点。此时的非线性编辑系统以磁带录像机为基础，对素材无法做到随机存取。

20世纪80年代，数字化非线性编辑系统开始出现，该类系统以磁盘和光盘作为数字视频信号的记录载体，实现了随机存取素材。因为受到磁盘存储容量小和压缩硬件技术不成熟的限制，画面以不压缩的方式被记录。系统所能处理的节目总时长被限定在几十秒至几百秒之间，此时数字化非线性编辑系统仅能应用于简短的广告和片头的制作。

非线性编辑系统在20世纪80年代末到90年代初得以迅速发展。进一步发展的非线性编辑系统建立在数字化基础之上，可以对视频、音频素材进行随机读取和记录。然而由于技术水平的限制，这一时期的磁盘存储容量较小，压缩硬件也不成熟，系统处理能力低，硬盘的存储量有限，非线性编辑系统仍无法广泛使用在节目编辑合成之中。随着计算机硬件和软件技术的迅速发展以及数字存储和网络技术的大幅度进步，在通用计算机平台的基础上建立非线性编辑系统已经成为现实。这不仅提供了丰富的制作手段，也为后期制作过程提供了诸多便利。当前，以计算机平台为基础的非线性编辑系统已经成为电视节目制作的主流编辑系统（具体内容参见学习单元六）。

二、电视节目制作流程

电视节目的制作涉及诸多环节，由于节目类型存在差异，节目制作流程、摄制方式各有不同。一般来讲，电视节目制作可以分为前期筹备阶段、现场摄制阶段和后期制作阶段三个部分。原本区分度很高的电影和电视制作流程正在逐步融合发展，各阶段各环节的工作之间并非泾渭分明，而是具有一体化的趋势和特征。

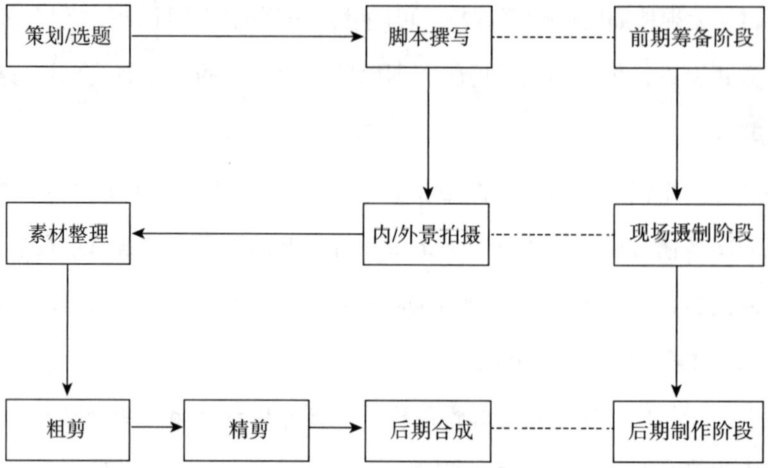

图1-2 电视节目制作流程图

（一）前期筹备阶段

前期筹备阶段主要包括两方面工作，一方面是创作者对节目内容的创作构思，另一方面是创作者对节目生产规划的制定。节目内容的创作部分主要是对节目主题和内容的总体设计，具体包括收集资料、撰写文案、拟定脚本等。节目生产规划的制定是对制作方案的设计和制定，主要包括组建摄制组、制订拍摄计划、考虑节目摄制场地、确定摄制形式以及摄制预算等。

前期筹备阶段是保证现场摄制阶段顺利进行的基础，前期构思充分而完善、周密而详尽，才能够让现场摄制阶段的工作顺利展开。

（二）现场摄制阶段

现场摄制阶段主要是根据摄制方案进行现场拍摄和录制，也是将节目主题和内容构思策划具体化、形象化的过程，是对节目制作理念的具体运作。

一般来讲，电视节目在进行现场摄制之前会召开一系列摄制会议，主要是完善摄制方案、制订摄制计划表、标明摄制事件的时间表、选择摄制的具体场地，让摄制组成员进一步明确自己的职责、明确预算、准备设备等，从而提高节目制作的质量和效率。有的节目，比如综艺节目，需要在现场摄制之前进行彩排、布景、音响调试等。在现场摄制阶段，编导负责现场调度和指挥。

（三）后期制作阶段

摄制工作完成后，后期制作阶段的工作主要包括剪辑、字幕制作、特效（动画）制作、配音（乐）、包装等。

后期制作首先要对节目素材进行审看，了解素材内容，搭建框架结构；然后进行初编、精编；之后还需要对节目进行包装和合成，主要包括校色、特效制作、字幕制作等方面的工作。后期制作完成后，再经过时段编排播出，整个电视节目的制作就完成了。

三、电视节目制作方式

电视节目制作手段可以分为直播、电影制作、录像制作和数字（电子）制作四种，主要是以电视节目制作所使用的设备系统及与此有关的软件系统进行区分。直播包括现场转播和演播室直播两种，主要指电视节目在摄制的过程中同步播出；电影制作是指以电影的方式和水准制作电视节目，这种方式最初是因电视制作缺少电视设备而被采用，后来是为了获得电影的胶片美感和声画质量而被采用，经历了从胶片制作到数字制作的过渡；录像制作是最常见的一种电视节目制作手段，要先进行实况录像，之后对节目进行编辑存储，最后再将节目播出；数字制作在数字时代之前又被称为电子制作，主要采用以计算机系统为基础的节目包装和合成、视觉特效等制作手段。

表1-1　常见的电视节目制作手段

类别	常见的节目形态	特点
直播（现场和演播室）	春晚、体育竞赛节目等	同步播出，即时性较强
电影制作（胶片—数字）	故事片、广告等	胶片美感、制作精良
录像制作	新闻、综艺节目等	电视节目制作的主流手段
数字（电子）制作	节目包装、视觉特效等	虚拟化

电视节目的制作技术主要包括ENG、EFP和ESP三种。电视节目制作过程通常会涉及节目类型、规模、环境、人员和经费等多种因素，我们可以根据不同因素而选择不同的制作方式。

（一）ENG方式

ENG，即“电子新闻采集”（Electronic News Gathering），指的是以一台摄像机作为工作单元来组织拍摄，后期编辑合成形成完整的节目。这种方式的特点是设备简单、对拍摄环境要求低、人员少、灵活性高、时效性强。ENG制作方式需要摄像师携带小型轻便灵活的摄像机，有时再根据需要配置一名记者，就能够进行新闻采访和纪实拍摄，这种方式被广泛运用于电视专题节目、电视新闻和纪录片的制作中。ENG拍摄所采用的摄像机也被称为ENG摄像机。

（二）EFP方式

EFP，即电子现场制作（Electronic Field Production），也常被称作“即时制作方式”。EFP制作方式的长处在于它能适应电视转播的特点，现场感强。无论是现场直播，还是现场录像，其摄录过程与现场活动的开展都能同步进行，因此EFP也被广泛应用到各类直播节目制作中。

电视直播要将音视频内容及图像实时传输到接收终端，而信息的采集过程要在EFP数字系统中完成。一套完整的EFP系统包括摄像机、切换台、字幕系统、音频系统、灯光系统等，分为转播车方式和飞行箱方式（便携演播室）两种，更多地适用于“台外”作业，如直播和录播的大型活动现场等。与ENG方式相比，EFP对设备、人员、场地要求相对较高。

（三）ESP方式

ESP，全称“电子演播室制作”（Electronic Studio Production），既可在演播室里录像制作，也可以直播和录播。与EFP方式设备配置相比，ESP制作方式与其有诸多相似之处。ESP方式既可以先摄录后编辑，也可以即摄、即播、即录。ESP制作方式的置景、灯光、摄录设备都是建立在广播级设备的基础之上的，场地环境好，专业性强，技术质量高，特技手段丰富。

四、数字电视制作技术的发展历程及趋势

电视节目制作技术的发展，经历了从模拟化阶段到数字化阶段的跨越。广播电视制作技术在数字化、网络化的道路上不断迈进。随着新型技术的不断涌

现、互联网竞争环境的冲击，全媒体融合生产成为数字电视制作技术新的发展趋势。

20世纪80年代到90年代中期，电视节目制作系统普遍为模拟制作设备。从前期筹备、中期摄录到后期编辑，电视节目制作所使用的摄像机、录像机、接口系统和记录设备等均属于模拟系统范畴。同时，在这一阶段，各种DSP芯片以及时基同步器、字幕机、非线性编辑工作站和特技台等在内的数字设备得到初步应用，但其接口仍是模拟的。

从20世纪90年代中后期开始，电视节目制作系统从模拟化向数字化过渡，出现了数字技术与计算机技术相结合的趋势，全数字化编辑系统时代逐渐到来。传统的线性编辑系统以录像机和特技台等设备为主体，而在数字化阶段，非线性编辑系统以计算机为主体，在设备和存储方式等层面实现了包括拍摄、编辑及播放等在内的整个电视节目制作流程的数字化。

面对计算机和移动通信等行业的进步及技术手段的革新，数字化成为广播电视升级换代的基础和生存发展的根本。在摄录设备、非线性编辑系统、演播室系统、传输设备和电视接收设备等多环节都实现了广播电视的全面数字化，为电视节目制作技术及整个广播电视行业的发展起到了重要的推动作用。

数字化系统相比传统的模拟系统优势明显。以数字方式进行获取、记录、制作、存储和传输电视节目，可以获得更优质的节目效果，其制作环节也更便捷高效。2005年，国内电视台基本完成了电视技术设备的数字化改造，依托数字化采编播技术而发展起来的数字演播室和数字节目制作系统、通过调取网络化硬盘节目库的数字播出系统等方式，逐步得到广泛应用。

与数字化相辅相成，国内电视台开始了电视节目制作系统网络化的建设，网络化成为电视节目制作技术的基本发展趋势。电视系统的数字网络化可以分为两个层面，一是台内网络化，二是以广播电视网、电信网和互联网的“三网融合”为基本内涵的广播电视网络化。

台内网络化主要集中于电视节目技术系统，有助于实现台内资源整合以及生产方式的转型，实现节目的低成本和高效率制作。有一个比较早的项目案例：江苏台作为2005年第十届全国运动会的赛事转播平台，与新奥特合作建立了国际广播电视新闻中心（IBC）赛事资料共享系统，存储了所有采集到的现场赛事的音视频，方便了节目后期的检索与制作，也解决了媒体资源管理与电视制作之间无缝连接的技术难题，提升了工作效率。这也是台内网络化的一次成功实践。[①]2006年，国家广电总局出台了相关文件引导和规范电视台网络化工作，大多数省级以上的电视台都建设了非编网、新闻网等单个网络系统，部分市级台还建设了制播一体化网络。

电视节目制作技术的数字化和网络化不仅带来了节目制作手段的变化，而且带来了节目生产流程、管理模式等方面的变革。在采编流程上，数字化优先的内容采编流程实现了资源共享与内容革新。数字信号的优势在于信杂比与记录密度高、误码纠错能力强、抗干扰能力较好，同时，其易于压缩的特质使得素材内容在存储过程中较大程度地节约了时间和空间。因此，稳定的数字信号便于大规模生产活动以及新闻采编系统的广泛应用。电视节目的拍摄、编辑、播出等单个环节板块的集约化趋势，使得节目的制播效率大大提高，电视节目制作也实现了资源整合和流程再造。例如，新闻共享平台的建设打破了传统新闻节目的采访和制播模式，实现了新闻频道多工作线程的资源共享，完成了新闻制播流程再造，使新闻生产流程更加顺畅高效、节约成本，大大提高了新闻制作水平和工作效率。

同时，电视台通过建设节目生产管理系统、建立电视节目数据库来提高电视节目制作的效率。节目生产管理系统以网络化节目生产流程为核心，重点放在对整个网络化节目生产体系的控制以及资源组织分配的合理性上。例如，北京中科大洋为中央电视台新址设计的媒体资产管理系统，涉及各类大的业务流程数十种，提供素材/通稿入库、节目入库备播、节目播后归档、资源编目整理、统一资源检索、主题资料库、节目资料柜、文件或介质下载等多种类型的服务，系统文件最终设计支持全台所有综合制作系统、新闻直播系统、音频系统提交的素材和节目入库，并对素材、通稿、待播节目、播后节目进行分门别类的处

① 张建平. 台内网络化建设需要思考的问题［J］. 视听界，2007（4）：5-7.

理。[1]新奥特公司负责的“SMG电视新闻共享平台”项目，一改SMG传统的“作坊式”磁带加工制作流程和非线性编辑模式，建立起集采、编、播、存为一体的多频道共享的新闻共享平台。采编与编播分离，不仅使整个系统脱离了“信息孤岛”的状态，实现了网络化资源共享，也可将更多的人力下放到高质量的内容生产上来。相对于台内网络化，广播电视网的网络化以广播电视网、电信网和互联网“三网融合”为基本内涵，通过技术改造，实现三网之间的互通和资源共享。

在新兴技术的推动下，电视台业务变革的重要趋势便是电视节目的全媒体融合生产。全媒体融合主要包括业务融合和内容融合两个部分：一方面是多屏运营实现业务融合，以内容生产作为电视台立足之本的同时，注重技术和数据挖掘，实现精准传播；另一方面是台内生产实现内容融合，让生产手段适应融合媒体时代的要求，提高节目生产效率、降低节目生产成本、实现传播渠道多样化，从而适应互联网发展环境。

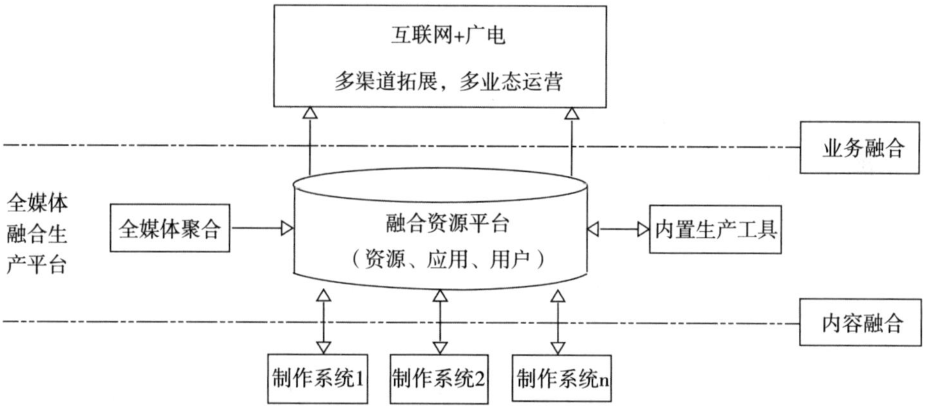

图1-4　面向融合的广电业务架构（中科大洋）

电视台全媒体融合生产通过打造媒体“中央厨房”，实现了新闻统一指挥策划以及新闻资讯多渠道立体发布。图1-5为中科大洋提供的电视台全媒体融合生产解决方案。

---

① 中央电视台新台址媒体资产管理系统[EB/OL].（2016-08-05）[2017-05-09].http://www.dayang.com.cn/folder78/folder82/folder102/2016-08-04/3918.html.

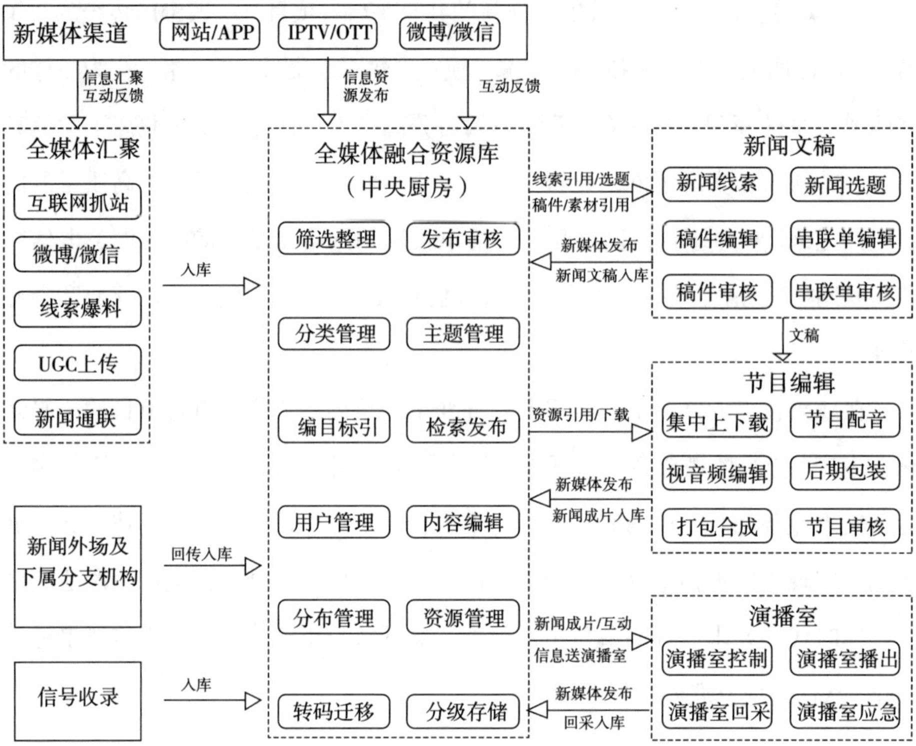

图1-5　青岛电视台全媒体融合新闻网（中科大洋）

交互性、智能性的技术革新也深刻影响着数字电视制作的发展格局。移动化和智能化发展成为广播影视新趋势；3D技术、VR技术等进入电视节目制作领域；高智能进程对电视内容制作带来巨大影响，也带给观众更多新的体验。电视台全媒体融合系统不仅能够完成内容生产阶段的统一策划、服从指挥调度，还能够实现全媒体多渠道的发布与运营。

技术的革新和趋同促进了不同媒介形态的交融及媒介组织的联合。在媒介融合时代，电视、广播、互联网等媒介形态依托技术途径相互融通，实现了不同媒体平台间的互相连接。以计算机、互联网和移动通信技术的发展为背景，以数字化、网络化技术为支撑，电视节目制作的效率和质量得到了提升，技术与观念也在不断革新。数字电视节目制作技术在数字化、网络化和信息化的基础上，打通了全媒体制作通道，并逐渐向全媒体融合化趋势发展（如图1-6所示）。

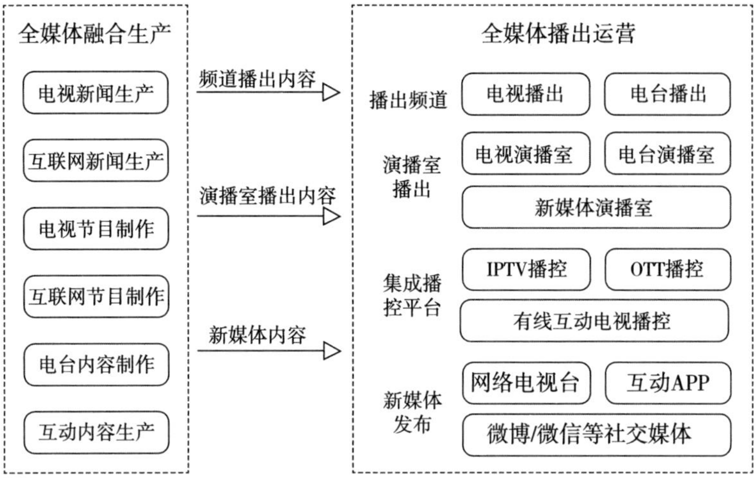

图1-6　全媒体多渠道发布与运营示意图（中科大洋）

项目实训

项目名称： 了解电视节目制作技术的流程和不同方式

实训方法： 资料查阅、实地观摩

实训条件： 图书馆、网络、电视台

项目要求： 1. 学生梳理电视节目制作技术的发展历史，包括不同阶段的发展情况及每个阶段的制作特点，对电视节目制作技术的现状和前沿有所把握，并通过实例加强认知。

2. 学生实地观摩了解电视节目制作流程及方式，分析一档电视节目的技术特点。

实训步骤： 1. 学生通过网络查阅资料，学习有关电视节目制作技术的发展过程，走访当地图书馆，获取相关文献及音视频资料。

2. 教师组织学生到当地电视台，学生参与、观摩或通过工作人员了解某一档电视节目前期策划、中期拍摄及后期制作过程，并拍摄照片，记录学习心得。

3. 学生归纳资料并整理相关记录，形成电子文档。

项目总结： 由学生提交报告并制作PPT在课上进行展示，要求内容全面、层次清晰、数据精准、分析透彻，着重体现学习感悟与心得。

学习单元二

电视节目制作技术基础

学习目标

（一）知识目标

1. 理解电视的制式、扫描方式等基本技术指标。
2. 理解视频的编解码技术及其常见标准。
3. 理解视频文件的封装方式和不同格式。
4. 理解电视信号的输入、输出接口系统。
5. 了解电视节目制作中常用的数字媒体技术知识。

（二）能力目标

1. 掌握电视的制式、扫描方式等基本技术指标，能够理解各类电视节目制作设备的技术指标。

2. 掌握电视信号的输入、输出接口系统的技术特性，能够识别不同的接口系统，会使用接口转换系统。

3. 掌握不同视频的编解码技术、封装格式，在不同的编辑环境下，能够解决视频编辑的生成格式、转换格式和输出格式等相关问题。

任务描述

任务一：完成从学习数字媒体技术的基本知识到技术应用的过程，理解其与主流电视制作技术相关的基础应用问题。

任务二：结合最新视频编码技术标准和输入输出接口系统，完成对视频文件的存储、格式转换、封装、传输和播放等操作。

一、电视的基本技术指标

（一）电视的制式

电视的制式是指电视信号采用的标准，彩色电视制式主要有PAL、NTSC和SECAM三种。PAL电视制式用于中国、澳大利亚、新西兰、巴西、阿根廷、印尼、柬埔寨、南非等国家和地区，PAL是Phase Alternation Line（逐行倒相正交平衡调幅制）的缩写；NTSC电视制式用于美国、加拿大、墨西哥、古巴、智利、日本、韩国、菲律宾等国家和地区，NTSC是National Television System Committee（国家电视制式委员会）的缩写；SECAM电视制式用于俄罗斯、沙特阿拉伯、伊朗、摩洛哥、埃及等国家和地区。目前，电视机几乎全部采用多制式接收方式。相比较于电影，现行三大彩色电视制式的图像质量不如35mm电影画面清晰、层次分明、色彩和谐。

NTSC制是1953年由美国研制成功的正交平衡调幅制，也是三种主流制式中研制最早、成本最低的一种。NTSC制电视的供电频率是60Hz，帧频每秒为29.97帧，扫描行（线）数为525行（线）/帧，图像信号带宽为6.2MHz。

PAL制沿用了NTSC制大部分技术基础，1962年在西德研制成功。PAL制电视的供电频率为50Hz，帧频为每秒25帧，电视扫描行（线）数为625行（线）/帧，图像信号带宽则分别为4.2MHz、5.5MHz、5.6MHz。

SECAM制是为改善NTSC制的相位敏感性而开发出的一种改进的电视制式，1966年由法国研制成功。SECAM是法文Séquential Couleur à Mémoire（顺序传送彩色与存储）的缩写。SECAM制的特点是抗干扰性强、彩色效果优良，但兼容性差。SECAM制电视的帧频为每秒25帧，扫描行（线）数为625行（线）。

（二）电视图像的其他几个基本指数

电视图像的生成，即显像原理是借助于显像管的电子枪将信号传递到电视屏幕来实现的，也就是说，显像管将信号转化成光点，并由众多的光点组成电视图像。光的三原色是红、绿、蓝，红、绿、蓝可以混合出所有的颜色，彩色电视图像也是由红、绿、蓝按亮度比例分配的色彩叠加效应实现的。除了制式，其他主要参数有：扫描方式、分辨率、每帧行（线）数及帧速率等。

电视显示方式是扫描式的，就是电子枪以扫描的方式投射光点，以行为单位进行扫描，从上到下扫描一次所得的画面为一个“场”。除了电视机，显示器、监视器、投影仪等也都是通过电视机显像原理成像的。

扫描方式分为隔行扫描（Interlaced Scan）和逐行扫描（Progressive Scan）两种，扫描方法都是从左到右，从上到下。隔行扫描以i标识（Interlaced的首字母），逐行扫描以p标识（progressive的首字母）。隔行扫描将一帧画面分割为两场画面交替显示，第一次扫描的叫“奇数场”，奇数场（上场）由1、3、5、7……奇数行构成；第二次扫描的叫“偶数场”，偶数场（下场）由2、4、6、8……偶数行构成。奇数场和偶数场相加为一帧画面。对于隔行扫描，两场等于一帧，而逐行扫描一次为一帧画面。以PAL制图像为例，帧速率为每秒25帧，那么就意味着每秒扫描50场。

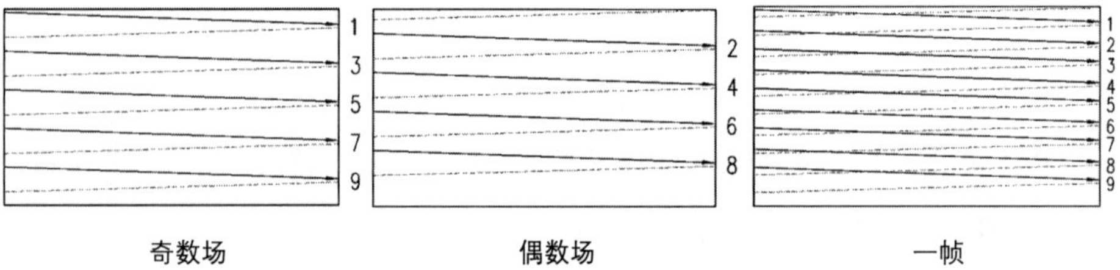

图2-1 隔行扫描的原理

逐行扫描是一次扫描完成一帧画面的方式，没有隔行扫描所特有的帧间闪烁感，对眼睛刺激小。逐行扫描的缺点是与相同场频的隔行扫描方式相比数据量较大。隔行扫描是分两次或多次交错扫描完成一帧画面的方式，与相同帧频的逐行扫描相比数据量只有一半或更少。隔行扫描的缺点是容易出现图像并行和行间闪烁，有时候画面质量低于逐行扫描的方式。逐行扫描没有场的概念。

视频图像由众多光点组成，光点即为像素。视频图像是由像素构成的，以视频像素标识帧尺寸的方式为“宽×高”，例如，PAL制标准视频格式的尺寸为“720×576”，NTSC制标准视频格式的尺寸为“720×480”。从每秒传送的数据量来看，两种格式的差别不是太大。

常见的方式是以扫描方法、扫描行数、场频和帧速率来标识视频格式。帧速率以每秒显示的帧数（frame per second，fps）表示，即每秒钟视频图像所显示的帧数。PAL制的帧速率为25fps，场频为50Hz；NTSC制的帧速率为30fps，实际为29. 97fps；NTSC制的场频为60Hz，实际为59. 94Hz。电影的帧速率是24fps，为了和NTSC制电视进行互转，实际帧速率为23. 97fps。例如，1080i/60表示有效扫描行数为1080行、场频为60Hz的隔行扫描方式；720p/60表示有效扫描行数为720行、场频为60Hz的逐行扫描方式。采用上述方法，美国的NTSC制可表示为480i/60，欧洲和中国的PAL制可以表示为576i/50。

表2-1 视频格式标识内容

视频格式	尺寸	场频	扫描方式
1080i60	1440×1080	60	隔行扫描
720p60	1280×720	60	逐行扫描
576i50	720×576	50	隔行扫描
480i60	720×480	60	隔行扫描

视频图像还有一个指标是画幅宽高比，主要有4∶3和16∶9两种，模拟视频的画幅宽高比一般为4∶3，而数字视频的画幅宽高比一般为16∶9。决定画幅宽高比的因素有两个，一是水平和垂直分辨率之比，二是像素宽高比。

随着电视节目制作技术的全面数字化，数字视频技术成为电视节目制作技术的重要内容之一。数字视频是用二进制数字来记录视频，不会产生复制损耗，比模拟信号更精确，不容易受到干扰。在非线性编辑过程中，对数字信号进行处理和控制，画面质量不会下降，同时，数字视频可以数字制作系统为依托，整合编辑、传输各个环节的工作。

从电视节目制作技术的角度来讲，视频首先是指电视动态图像。视频技术作为电视节目制作技术的重要依托，在电视节目制作的各个阶段都有不同的作用体现，拍摄、制作和传输等各个环节都涉及视频技术问题。

一般来讲，在电视节目制作过程中，首先决定视频格式的是摄像机机型的技术指数。视频格式按照信号处理方式可以分为模拟视频格式和数字视频格式两类。模拟视频采用电流变化或者电波变化的模拟量来记录视频，模拟视频信号在传输和复制过程中会发生衰减和损耗，使得视频质量逐渐下降。模拟视频曾经被广泛应用，VHS和S-VHS、U-matic、Hi-8、M2、Betacam SP等都是模拟录像带格式。随着数字时代的开启，模拟视频已经退出了电视视频的主流应用。对于原有存储在录像带中的模拟视频，我们可以利用视频采集转换卡或者转换软件，将其采集并转换为数字信号进行存储、应用，这一过程也被称为数模（A/D）转换。

按照清晰度，视频可以分为标清、高清和超清三种类型。标清，即标准清晰度，英文名称为Standard Definition，缩写为SD。以清晰度为标准，模拟视频可以归为标清。PAL制式下，视频的画面尺寸为“720×576”、帧速率达到25fps，就可称为标清视频。数字视频按照清晰度也可分为标清、高清和超清三种（下一学习单元中我们将单独展开介绍高清数字视频和超清数字视频，在此不再展开）。

二、视频编码技术和标准

数字电视（DTV）是指电视信号从演播室到发射、传输、接收的过程中，通过由二进制数字构成的数字流，来完成对该系统的信号传播。从传输的角度来看，数字信号被实施抽样、量化等处理后，对其的传输具有较高的稳定性，即可进一步减少信号干扰。数字电视克服了模拟电视很多不足，传输速度更快，传输效率和信号质量更高，能够实现画面的高清晰度，同时有利于数据信息安全存储。与此同时，数字电视设备对信号的接收更为高效，可以推动电视、手机、计算机等多媒体接收设备的融合发展。

数字电视将电视信号数字化采样后，转换为数字信号传输。视频信号在经过取样、量化和编码后，将产生庞大的数据信息。通常来讲，以标准的4 : 2 : 2取样，8bit量化计算，720 × 576画面尺寸的标清视频，有效原始码率达到166Mb/s，1小时产生的数据容量可以达到72GB。而高清视频的分辨率更高，像素量更大，采用10bit量化计算，高清数字电视信号的基带码率是1485Mb/s，其中有效码率为829. 44Mb/s。庞大的数据量对数据信号的存储、处理和传输等都形成了压力，需要采用压缩技术对视频原始码率进行有效的压缩。

数字视频信号可以被压缩，按照压缩与否，可分为非压缩视频和压缩视频。非压缩视频不改变原始信号码率，将原始的信号码率直接记录后输入信号，最大化地保证视频的原始质量。非压缩视频信号损失小、图像质量高，但是信息数据较大，传输困难，在电视节目制作过程中对拍摄、后期制作设备等要求较高。

压缩视频是指利用数字压缩技术对原始视频进行不同程度的压缩。它能够解决数字视频信号数据庞大的问题，提高视频的存储、处理速度和传输效率。视频的压缩方式又分为无损压缩和有损压缩两种。无损压缩利用视频信号的冗余进行压缩，信号的冗余度决定了压缩量，压缩前后数据信息基本一致。有损压缩是应用得最广泛的压缩方式，压缩视频会丢失一部分数据信息，且丢失的数据信息不可恢复，压缩格式的视频质量会受到不同的压缩技术标准的影响。通常，高压缩的算法都采用有损压缩，压缩比越大，丢失的数据信息越多。在处理视频的过程中，通常会在保证一定信号质量的前提下，设法降低码率以及数据量，根据实际的需要平衡压缩比、图像质量和存储容量三者的关系。

随着电视数字化和媒体技术的融合发展，数字音视频的编解码传输与处理成为广播电视的核心技术之一。从最初的低分辨率、低码率、低帧率的视频，到如今的高质量、高帧率视频，高清、网络及智能化已经成为数字视频技术的发展趋势。

视频编码的基本原理是利用视频信息在时空上的关联性，最大限度地去除冗余信息。编码结构采用一定的编码模式，对一帧图像进行合理分块，且每一块都要经过预测、变换、量化等一系列步骤以实现视频的压缩效果。[①]视频压缩一方面可以降低在网络宽带和存储空间上所消耗的成本，另一方面可以提供系统间良好的可操作性。

国际标准化组织/国际电工委员会（ISO/IEC）的运动图像专家组MPEG（Moving Picture Experts Group）和国际电信联盟（ITU-T）的视频编码专家组VCEG（Video Coding Experts Group）一直致力于制定视频编码的统一标准。两个组织各自独立开发了MPEG-X系列标准和H. 26X系列标准，并联合研制JCT系列标准，使编码码流在国际范围内通解通用，推动了视频编码标准的发展。

（一）视频编解码标准：H. 26X 系列

H. 261 标准[②]是由20世纪90年代的国际电信联盟（ITU-T）独立开发的第一个应用广泛的编解码标准，主要目的是支持在带宽为64Kb/s的整数倍的网络中传输有效的视频。

H. 262标准[③]是ITU-T的第二代视频编码解码标准，于1995年由ITU-T的VCEG和ISO/IEC的MPEG两大组织联合制定完成，主要应用于数字多功能光盘（Digital Versatile Disc，DVD）和数字视频广播（Digital Video Broadcasting，DVB）。ITU-T 组织基于早期视频编码标准（H. 261，MPEG-1 和 H. 262/MPEG-2）开发了新的标准——H. 263 标准，主要面向低码率的视频应用，进一步提升了 H. 261 标准的压缩编码效率。

2003年5月，ITU-T的VCEG和ISO/IEC的MPEG两大组织第二次联合，组成联合视频组（Joint Video Team，JVT），共同制定和完成了视频压缩编码标准——H. 264标准。它既是ITU-T组织的H. 264，又是ISO/IEC 组织的MPEG-4的第十部分。H. 264的最大优势是高压缩比和低带宽，H. 264的数据压缩比比MPEG-2高2至3倍，比MPEG-4高1. 5至2倍。

H. 264标准依然采用混合编码框架，是主流非线性编辑软件所支持的编

---

① 王勇. 新一代高效视频编码研究［D］. 成都：电子科技大学，2016：9.

② ITU-T Recommendation H. 261. Video Codec for Audiovisual Services at p×64 Kbit/s［S］. 1990.

③ ITU-T Recommendation H. 263. Video Coding for Low Bitrate Communication ［S］. 1995.

码格式之一，在高清电视信号传送中有着越来越广泛的应用，成了新一代HD-DVD标准，一度成为应用最广的视频编解码标准。

（二）视频编解码标准：MPEG系列

MPEG-1 标准[①]是 ISO/IEC 的 MPEG 独立开发的第一个音视频有损编码标准，数据压缩输出速率标准定位在1. 5Mb/s。MPEG-1标准主要面向数字存储介质，并被广泛运用于视频点播（VOD）、影音光盘（VCD）等多种音视频系统中。

MPEG-2（H. 262）标准[②]是ITU-T的VCEG和ISO的MPEG在1994年共同制定的，是继 MPEG-1 标准后的第二代音视频编码标准，广泛应用于广播电视、无线/有线视频等，是数字光盘（Digital Versatile Disc，DVD）核心的技术。同MPEG-1相比，MPEG-2标准首次提出档次（profile）与等级（level）的概念，对于不同应用要求、多种分辨率与宽范围码率的数字视频编码都有效。MPEG-2是中国、美国、欧洲和日本等国家和地区现行高清电视的视频编解码标准，技术成熟稳定，对系统要求低。MPEG-2编码方式常用于实时传送节目，MPEG-2 能够将高清节目压缩到20Mb/s，实现720p和1080i格式高清信号的传输。

MPEG-4标准[③]于1998年11月被ISO/IEO批准，1999年4月推出，1999年12月其最终草案被正式提出。它涵盖了音视频编解码、多媒体传输框架、知识产权管理、三维图形压缩等多个方面的内容，其中的第十部分就是广泛应用的H.264编码标准。MPEG-4的目的是要把丰富的多媒体应用集成到一个框架内，构建一种集多媒体信息压缩、传输、存储以及处理等于一身的统一编码方式。目前，MPEG-4 是常见的一种视频压缩格式，在网络流媒体传输方面应用效果优异。

（三）视频编解码标准：HEVC 标准

2010年始，ISO/IEC和ITU-T两大国际组织再次组成视频编码联合工作组

---

① ISO/IEC JTC1. Coding of Moving Pictures and Associated Audio for Digital Storage Media at up to About 1. 5 Mbit/s-Part 2: Video [S]. ISO/IEC 1117-2 (MPEG-1), 1993.

② ITU-T Recommendation H. 262-ISO/IEC 13818-2 (MPEG-2). Generic Coding of Moving and Associated Audio Information - Part 2: Video [S]. 1994.

③ ISO/IEC JTC1/SC29/WG11, MPEG98/N1992. MPEG-4 Video Verification Model Version 10. 0 [S]. 1998.

（JCT-VC），着手研究下一代视频编码标准，以替换传统的音视频压缩编码技术——H. 264/AVC 标准。HEVC标准应运而生。

作为最新的视频编码国际标准，高效视频编码标准（High Efficiency Video Coding，HEVC）①保留了H. 264的混合编码框架，进一步提升了视频编码的压缩效率。其核心目标是取得编码创新，并且能够应用在多种复杂的环境中，针对不同的分辨率，达到高效、多元化的编解码性能优化。

2013年年初，联合视频编码专家组（JCT-VC）颁布了新一代视频国际压缩标准——高效视频编码标准 HEVC，并将研发进一步扩展到三维领域，发展了基于3D的视频编解码国际标准3D-HEVC。对于 ISO/IEC组织，HEVC将变成MPEG-H的第二部分；对于ITU-T组织，HEVC将变成H. 265。

（四）3D视频编解码标准

三维视频的原理是将左右视点采集到的异同视频传递给人的左右眼，通过大脑神经的合成产生三维立体感。三维视频有多种格式，其中纯彩色3D 视频（纹理）与基于深度（Depth）的3D视频为主要的两类。②

随着三维视频（3D Video）图像在广播、电视、电影等领域应用的不断涌现，三维视频标准的制定也被提上日程。基于深度的3D视频数据量巨大，为使3D视频能在有限带宽上进行高效传输，多种标准方案被提出，以解决三维视频高效压缩的问题，提高合成虚拟视点的质量，发展针对“多视点+深度”三维视频的新技术与新方法。

国际标准化组织/国际电工委员会ISO/IEC的运动图像专家组MPEG于 2001年成立 3D 视频研究工作组，开始进行多视点视频（Multi-View Video，MVV）、三维视频（Three-Dimensional Video，3DV）和自由视点视频（Free Viewpoint Video，FVV）的技术研究和标准的制定和修订。

2012 年，ISO/IEC与 ITU-T 成立三维视频编码联合专家组（Joint Collaborative

① ITU-T SG 16 WP 3 and ISO/IEC JTC 1/SC 29/WG 11，JCTVC-S1002. High Efficiency Video Coding（HEVC）Test Model 16（HM 16）Improved Encoder Description［S］. Strasbourg，FR：K. McCann，C. Rosewarne，B. Bross，et al. 2014

② 王昕. 三维视频滤波及预测编码技术研究［D］. 成都：电子科技大学. 2015：1.

Team on 3D Video Coding Extensions，JCT-3V），制定3DV标准，由基于H. 264的MVC转向基于HEVC的3D-HEVC。2015年，新一代基于3D的视频编解码国际标准3D-HEVC诞生。在沿用HEVC基本框架与技术的基础上，3D-HEVC进一步引入了更多的创新技术，如视点间预测（inter-view prediction）、视点合成预测（view synthesis prediction，VSP）、深度图像建模模式（depth modelling modes，DMM）、区域直流编码（segment-wise DC coding，SDC）等，这些新技术使得3D-HEVC比传统的立体视频系统具有更大的优势。

三、音频编码技术和标准

与传统的模拟技术相比，数字音频技术对高质量音频信号的采集、存储、后处理、交换和分配更为方便，质量也更高。但是，数字音频技术也同样面临着数字化信息数据庞大的问题。在这个过程中，更多的音频编码标准被制定出来，如MPEG-1 Layer 3、MPEG-2 AAC、AC-3、WMA、EPAC 等，数字音频编码技术一直朝着低传输率、低复杂度和低延迟的方向发展。

（一）MPEG 音频编码标准

MPEG组织制定的一系列音频编码标准占据了音频编码技术的主要地位，成为在视频制作领域中应用广泛的音频编码技术。MPEG-1 标准[①]发布于1993年8月，用于码率约为 1. 5Mb/s 的数字存储媒体活动图像及其伴音的编码传输。MPEG-1 音频编码压缩分为三个层次，分别是层1、层2、层3（Layer1、Layer2、Layer3）。层1：编码器最为简单，主要应用于录音磁带；层2：编码器中的算法较为复杂，主要应用于数字音频广播、数字电视、VCD 和 DVD 等；层3：编码器中的算法最为复杂，主要用于高质量音频在网络上的传输。其中，层3（Layer3）就是MP3。[②]

MPEG-2标准[③]制定于1994年。MPEG-2 标准的音频部分增加了对采样率

① 胡晓女. 中国牵头的新一代音视频压缩标准 AVS［J］. 通信世界，2006（8）：6-7.

② 卢官明，宗昉. 数字音频原理与应用［M］. 北京：机械工业出版社，2005：119-120 .

③ ISO/IEC JTC1/SC29/WG11. Coding of moving pictures and audio MPEG-2 Advanced Audio Coding AAC［J］. ISO/IEC International Standard，1997（10）：88-91.

为16kHz、22. 5kHz和 24kHz的音频的支持，并且支持对多声道音频信号的编码，通过了一种多声道环绕声音频编码技术MPEG-2后向兼容方式（Backward Compatibility，BC），即ISO/IEC 13818-3。MPEG组织在 1997 年 12 月又推出了 MPEG-2 Advanced Audio Coding（简称为MPEG-2 AAC）音频编码标准。MPEG-2 AAC 能够实现在更低的码率下达到VCD的音质。先进音频编码技术（Advanced Audio Coding，简称为 AAC）是 MPEG-2编码标准规范中的一部分，由Fraunhofer IIS、Dolby 实验室、索尼、诺基亚等诸多公司共同研发，目标是代替MP3 音频格式。MPEG 先进音频编码技术（Advanced Audio Coding，AAC）也是在MP3（MPEG Audio Layer 3）音频编码算法的基础上发展起来的感知音频编码压缩技术。该编码技术包含了多种音频编码技术的优点，具有压缩比高、重建音质好、编码和解码过程高度模块化、声道配置灵活等特点。①

MPEG-4标准②发布于1998年11月，是一种甚低码率的音视频压缩编码标准，被看作是下一代多媒体的技术标准。MPEG-4在多媒体系统上具有可操作性和交互性，支持各种各样的多媒体应用，数据压缩比高。MPEG-4音频标准提供了可交互的多媒体应用，具有很好的可扩展性和灵活性。MPEG-4 AAC标准则仍然沿用了MPEG-2 AAC音频编码的结构。在MPEG-4标准产生以后，AAC又重新集成了其特性，加入了感知噪声替换技术和长时期预测技术，为了与MPEG-2 AAC音频编码区别开来，将其称为MPEG-4 AAC。

（二）Dolby音频编码标准

Dolby数码又称“杜比环绕影音”。杜比数字音频编码系统是由美国杜比实验室开发的，其中，AC-1用于卫星通信和数码有线广播，AC-2用于专业音频的传输和存储，AC-3采用第三代ATC技术，被称为感知编码系统，形成了“多声道数字音频处理技术”。Dolby AC-3是20世纪90年代初开发的，最开始是为影院系统而研发的，现在已经成为使用最为广泛的环绕声压缩技术之一，成为美

① 周建，刘鹏，梅优良，陈科明. 基于微处理器核的 AAC 解码软硬件协同优化［J］. 浙江大学学报（工学版），2007（8）：1271-1276.

② 高科，刘心松，詹骥. 互联网中基于MPEG-4流媒体播放的研究［J］. 电子科技大学学报，2006（3）：381-384.

国的DVD、卫星数字广播（Digital Broadcast Satallite，DBS）和ATSC HDTV伴音的通用标准。

Dolby AC-3可以传输和存储多达5个全频带声道和1个低频效果声道，比CD线性PCM编码所占用的存储空间还要少。因此，AC-3在数字电影、HDTV、DVD等领域得到了广泛应用。

Dolby E作为一种专业级音频编码系统，是专门为数字电视广播传送和后期制作而设计的。一个AES/EBU信道可以利用Dolby E技术来传送高质量音频数码流，可传送多达8个声道，“5. 1 + 2”是它的典型工作模式，即用6个声道传送5. 1声道环绕声信号，另外2个声道是用来传送双声道的矩阵编码信号或双声道的立体声信号的。①各种格式的视频信号都可以与Dolby E的音频实现良好的匹配。

从以下表格中，我们可以看到各种编码方式的5个基本参数，并比较出5种编码方法压缩比、数据率和适用的通道数等。

表2-2　常见几种音频编码方式比较

比较参数	采样频率/kHz	量化精度/bit	声道数	数据率/bps	数据帧大小/16bits
线性PCM	48/96	16/20/24	8	6. 144M	768~2304
MPEG-2 BC	32/44. 1/48	16~24	1~5. 1	32~1130k	384~1152
MPEG-2 AAC	8~96	16~24	1~48	576k（max）	1024
Dolby AC-3	32/44. 1/48	16~24	1~5. 1	32~640k	1536
Dolby E	48	16/20/24	1~8	1. 92M	768~1152

四、视频文件的封装技术

除了编码技术，视频应用的另一个关键环节是封装。编码和封装处理是发布数字视频前必须完成的，这两项任务都需要利用先进的编码技术对视频的数据量进行压缩、降低码流，从而使它的存储、传输和播放更为方便。

封装技术又称为容器技术，封装意为捆绑打包，为了便于播放器或者播放软件进行索引播放，已经编码压缩好的视频和音频文件可以通过封装技术打包

① 李欣. AC-3音频编码器研究与实现［D］. 天津：天津大学，2008：3.

在一起，并通过一定规则建立索引和排序，最终形成一定的文件格式。数字视频在广播电视中应用广泛，但是视频格式并不统一，目前常用的视频文件的封装格式主要有AVI、PS、TS、TP 、MKV、MOV、MTS、M2TS等。封装的格式不一样，后缀名也相应不同，一般以后缀名代表其封装格式。

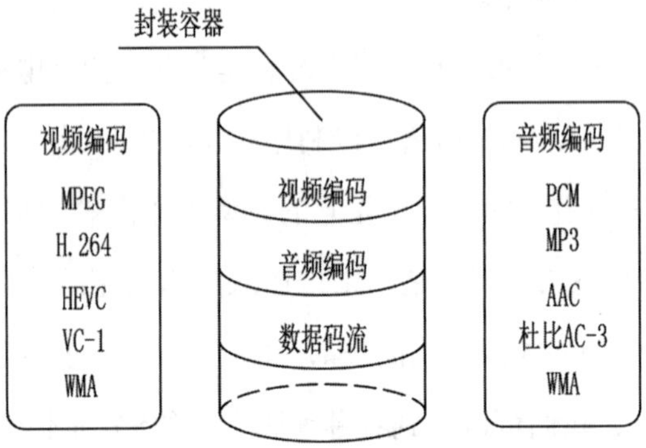

图2-2 常见视频文件的封装格式

（一）AVI 封装格式

AVI全称为Audio Video Interleaved，即音频视频交错格式，是微软公司1992年推出的Windows视频技术中的一种多媒体容器格式。AVI逐渐成为Windows系统中最基本的一种封装格式。AVI封装对视频文件一般采用有损压缩的方式，支持的视频编码有MPEG-4和H.264等，支持的音频编码有Dolby AC-3和DTS等。

AVI的文件包含三部分：文件头、数据块和索引块，其中，数据块是文件的主体，如果数据块不完整，那么就只能观看整个文件的一部分；如果文件头不完整，那么软件可能无法识别出AVI 视频文件；如果索引块不完整，则无法在播放过程中使用拖动控制功能，不能实现流式播放。这三个部分是一个整体，缺少任何一部分都可能导致AVI 文件无法正常使用。

（二）PS、TP和TS封装格式

PS即MPEG2-PS，是Program Stream节目流的简称。具有固定时长的节目，如DVD电影等通常会用其进行存储，vob、evo是其对应的后缀。对数据的完整性要求比较高是PS封装格式的一大特点，因为一旦数据被破坏或者不完整，都会导致整个文件无法解码。

TS即MPEG2-TS，是Transport Stream传输流的简称；TP即 MPEG2 -TP，是Transport Stream Packet或Transport Packet的简称。这两种封装格式的压缩标准都是MPEG2，并且作为流媒体，两者都是基于MPEG2 运动压缩算法。与MPEG2-PS不同，MPEG2-TS的应用主要是实时传送的节目，例如实时广播的电视节目等，其对应后缀一般为ts。下面就以最常用的TS格式为例进行阐述。

TS主要由两部分组成：头文件和主体数据块（图像、声音、时间戳）。TS 格式之所以在解码播放时还依然能够顺利地保持音画同步就在于它有时间戳。TS封装也是一种比较先进的封装格式，因为它的封装兼容性好，能够支持大多数的高清编码方式。

由于TS 格式占用资源少、对硬件要求低、技术优势明显，得到了许多软件和硬件厂商的支持和推广。TS 格式很快成为世界行业标准之一，在诸多方面得到了广泛的应用，比如 HDTV 数字电视广播节目适时转制、系统码流的发送与网络传输等。

（三）MKV 封装格式

MKV是一种多媒体封装的容器和文件格式，它是新一代视频编解码技术标准H. 264的一种封装格式，同时兼具跨平台性、兼容性和纠错性的技术特点。

MKV的突出优点主要体现在以下两方面。第一，在封装技术上，凭借动静态场景来调节帧率的MKV处于技术领先地位。此外，MKV在涉及错误检测时，支持检测并且能够修复错误，这一点是先进于AVI的。MKV比AVI更适合于网络流式传输，因为MKV可以通过时间戳来管理音视频同步。第二，MKV的兼容性更强，能够容纳多种不同类型的编码视频、音频及字幕流。MKV封装格式可支持16条以上的独立音轨。无论是普通视频还是高清视频的编码方式，MKV都可以支持，并且也支持 RealVideo与QuickTime等封闭的编码方式。

（四）MOV 封装格式

MOV即QuickTime影片格式，是美国苹果公司开发的一种音频、视频文件格式，默认的播放器是苹果的QuickTime Player，但它也是一种比较主流的流媒体格式。QuickTime具有压缩比率较高、存储空间要求小和视频清晰度较高的特点，既能支持MacOS，也能支持Windows系列。QuickTime视频质量优于AVI格式视频质量。

MOV的封装编辑制作方便快捷，Final Cut Pro、Premiere、Edius等非线性编辑软件都支持MOV格式。新奥特、索贝、大洋等国内广电系统普遍应用的非线性编辑工作站也将其囊括在主流的编辑制作格式之中。很多专业级摄像机加强了对MOV格式的支持，可以在本机直接录制QuickTime 影片格式，编辑时只需将文件拖入时间线中，省去了采集或转码的过程，极大地提高了工作效率。MOV封装格式的优势在编辑、制作和输出等环节显现出来，使其受到高清电视节目制作者的青睐，应用范围也不断扩大。

（五）MTS和M2TS 封装格式

MTS 和 M2TS 格式是多数硬盘（存储卡）或光盘高清摄像机的视频封装格式，如索尼、松下、日立、JVC和佳能等品牌的摄像机都使用过这种封装格式。MTS 和 M2TS 基于 MPEG2 Transport Stream，即TS格式，强调随机读取的快捷和便易特性，其视频编码采用H. 264优化压缩，音频编码通常采用AC-3。MPEG-TS强调流媒体播放的流畅性，视频质量优于MPEG2压缩的HD高清格式视频。

MTS是后缀名为mts的一种视频文件，这类视频文件由高清摄像机直接拷贝硬盘内的文件得到，经过软件对视频进行采集导入后，软件上显示的文件格式扩展名即为m2ts。实际上，MTS 和 M2TS的格式是相同的，只是二者的扩展名有所区别。目前大部分的非线性编辑软件都支持MTS和M2TS文件的直接导入和编辑，比如会声会影、Adobe Premiere Pro、Sony Vegas等。

整体而言，视频封装方式之间各有优劣势，但兼容性差，没有统一的标准。不同的编码方式之间、不同的封装方式之间以及编码方式与封装方式之间都存在着兼容性的问题。不同格式之间的转换可能会造成信号的损失和分辨率的降低。目前还无法制定出相对统一的视频编码和封装技术规范，使各种视频编码和封装方式之间完全兼容。

五、电视信号的输入输出接口

电视信号的输入输出接口在电视节目制作技术中起到较为重要的作用，不同的输入输出接口适用于不同的音视频信号、音视频格式和设备型号。以视频信号为例（音频信号详见电视声音技术部分），常见的视频接口包括复合接口、S-Video接口、分量接口、SDI接口等。在广播电视的图像处理和传输技术飞速发展的趋势下，HD-SDI接口和HDMI接口等数字信号传输接口成为我们重点关注的对象。

（一）复合接口

复合接口是最常用的输入输出接口，是音频信号和视频信号分离的视频接口，因此也被称为AV接口。复合接口将亮度/色度（Y/C）信号混合传输，最终依靠显示设备对亮度/色度分离解码成像。在这个过程中容易出现串色等现象，信号有所损失。复合接口可传输分辨率达400线的模拟信号，传送视频的信号质量相对较低。若应用于数字设备，需要模/数转换的过程。

复合接口以RCA（俗称莲花头）或者BNC为接头。三个独立的RCA接头（或BNC 接头）分别传送复合视频信号、左声道声音信号和右声道声音信号。通常，复合视频信号为黄色的V接头，左声道声音信号为白色的L接头，右声道声音信号为红色的R接头。在电视节目制作环节，复合视频信号常常在监审画面时使用，不应用于编辑制作环节。

（二）S-Video 接口

S-Video接口，也被称为二分量视频接口、S端子接口和Super-Video接口。它利用两根电缆将亮度和色度分离传输，避免了传输时亮度和色度的相互干扰，信号传递质量要优于复合接口，特别在色彩重现上，传输画面也更为清晰，最高支持分辨率为1024×768的图像。S-Video视频需要利用DIN 插头作连接插口，S-Video常见的接口有4针、7针和9针几种类型。

（三）分量接口

分量接口，也被称为色差接口或者3RCA接口，特指将视频信号中红、绿、蓝三基色以独立接口形式传输的视频信息，颜色还原准确，因此分量视频信号又称为色差信号。颜色空间，也可以称为色域，是对颜色编码方法的统称，其中RGB和YUV都是颜色空间的种类。分量视频使用分量色差方式，将RGB空间转换为YPbPr 或YCbCr。YPbPr表示的是模拟分量，YCbCr表示的是数字分量。分量视频信号质量优于S-Video视频，分辨率可达到600线以上，可以输入多种等级的讯号，支持高清格式。一般专业的模拟视频设备都配置有分量 YUV 视频输入及输出接口系统。

（四）IEEE1394接口

IEEE1394，也称为FireWire或i. LINK，最早是为美国苹果公司开发的计算机接口技术，目前大量出现在广播电视设备中，成为标准多媒体数字接口之一。IEEE1394接口可以从众多摄录机中采集和输出质量相对较高的数字视频。

（五）SDI 接口与HD-SDI接口

SDI（Serial Digital Interface）接口为串行数字接口，适用于未经压缩的数字视频标准，不能传送压缩的数字信号。SDI 接口传输的视频质量相对较高，支持多种格式，包括1920×1080的高清格式，可同时传送嵌入的音频信号，具备多代复制性。SDI接口是广播级摄像机、监视器和切换台等电视拍摄、制作设备最常用的接口之一。

HD-SDI（High Definition Serial Digital Interface）接口为高清晰度串行数字接口，是由SDI接口发展而来的更高带宽版本。HD-SDI是广播电视行业的高清节目信号设备的主要传输接口，该标准由SMPTE 协会制定，为传输未压缩、高清晰度、高数据速率的信号而设计，同样能够单线同时发送视频和音频，主要支持1080i、720p分辨率的一般高清分辨率数字节目的传输，在此发展基础上还支持全高清即1080p分辨率视频传输的3G-SDI。HD-SDI接口抗干扰性强，适合数字节目的长距离传输。

（六）DVI接口和HDMI接口

DVI接口（Digital Visual Interface）支持多种格式，可以传输高质量的数字信号，包括1920×1080全高清格式，有多种规范，常见的是DVI-D（Digital Visual Interface-Digital）和DVI-I（Digital Visual Interface-Intergrated），不支持音频信号的传输。

HDMI接口（High Definition Multimedia Interface），即高清晰度多媒体接口，是由DVI接口发展而来的，扩充了支持的视频格式及色彩空间。HDMI接口和DVI接口是高清电视最常见的两种接口，HDMI标准完全向下兼容DVI标准，HDMI接口因成本低而得到广泛应用。

HDMI传送非压缩的数字音频和视频，相比较于DVI接口，它增加了支持音频传输的功能，支持单声道到多声道环绕声立体声，支持从 32K 到192K 的采样率，可以传输几乎全部主流格式的音视频，实现了音视频单线同步传输，最高数据速率可达到10 Gb/s。通常来讲，HDMI 线缆传输距离可达15m，一般不用于远距离长线传输。HDMI接口是一个效果良好的短距离多媒体传输接口，传输效果、成本和实用性多方面表现优良。例如，HDMI接口通过支持HDMI标准的监视器进行同步监视，既可以监看图像，同时也可以监听节目中的声音，HDMI接口因此成为普通监视器兼容的主要接口。

在电视节目制作领域，各个接口并不统一。随着电视节目制作多程序应用以及音视频格式多样性增长，多种接口都在广播电视中得到广泛应用。接口的多样化使得单一的视频接口很难兼容不同的信号源，常见的解决方法是使用接口转换系统。例如，HDMI是较为普及的用户终端高清接口，成本低廉；SDI接口适合视频节目的传输，但普通的监视设备一般很少备有这样的高清SDI接口。因此，HD-SDI 转 HDMI 接口的高清视频的光纤传输系统就具有很好的实用价值。通过常见的接口箱（例如，Avid Artist | DNxIQ）也可以获得接口支持，内置的编码器往往也使得内容编辑变得便捷，实现实时的格式与帧率转换。

项目实训

项目名称：数字媒体技术应用实践

实训方法：实地观摩、实际操作

实训条件：电视台制作机房或者数字媒体教学实验室

项目要求：1. 根据实际条件，教师组织学生参观本地电视台，让学生进一步了解电视节目制作技术的特点，对接口系统等进行观摩，熟悉电视信号的输入输出方式。

2. 在观摩电视节目制作过程后，教师布置实操任务，让学生能够实际掌握数字音视频的获取、存储、处理和传输的基础技能。

实训步骤：1. 在电视台进行实地观摩的过程中，了解电视节目制作的接口转换等系统的原理和使用方法，结合理论知识，熟悉各项技术参数与指标。

2. 通过不同音频、视频文件的技术参数，辨析不同类型的音频、视频文件，在熟悉视频编码的基本原理与标准的基础上，对摄像机拍摄的素材进行不同格式间的转换。

3. 对数字视频进行合理的封装处理，压缩视频的数据量，降低码流，以符合存储、传输和播放的便利性等要求。了解目前常用视频文件的封装格式AVI、PS、TS、TP 、MKV、MOV、MTS、M2TS等，能够进行格式转换或重新封装，并将编辑好的电视节目输出到网络、手机等媒介上。

项目总结：学生上交课程学习报告，按要求完成数字视频文件的获取、存储、处理和传输，由教师查验并指正。

学习单元三
高清电视和超高清电视技术

学习目标

（一）知识目标

1. 了解数字电视发展历史和趋势。

2. 了解高清电视的技术特点和节目制作特点。

3. 结合学习单元二的相关内容，进一步理解超高清电视节目制作的视频处理、视频编码和传输技术。

4. 理解超高清电视的技术特点和节目制作特点。

（二）能力目标

1. 掌握高清电视采编录播等设备的使用特点，能够适应高清电视节目的制作环境。

2. 掌握超高清电视采编录播等设备的使用特点，能够适应超高清电视节目的制作环境。

任务描述

任务一：熟悉高清/超高清电视设备的基本技术参数，了解相关设备主要参数的设定方法。

任务二：熟悉高清/超高清的电视制作环境，了解高清/超高清的电视节目制作中采编录播各个环节需要注意和应该避免的问题。

一、高清电视技术的特点

高清电视，全称高清晰度电视（High Definition Television，缩写HDTV）。在统一“高清电视”的称谓之前，高清晰度电视在欧洲也被称为高质量电视（HQTV），美国则称之为高级电视（Advanced Television，ATV），日本最早称之为高品位电视。2000年，日本开始发展全高清电视直播；2009年，中国高清数字电视技术开始起步，高清电视是广播电视技术进步的结果，也是广播电视技术提升发展的必然阶段之一。

高清电视的清晰度是常规电视的6倍以上，同时配有环绕立体声，能够满足观众对于高质量视听效果的体验需求。根据当前国内高清电视标准，每一帧行数达到720p、1080i或1080p的视频信号可以被称为高清数字视频。高清电视采用与NTSC、PAL以及SECAM制式不同的数字电视广播标准，相比较标清电视，高清电视临场感、清晰度等都有所提高。高清电视的物理分辨率（物理分辨率指的是在电视屏幕上具有像素点的数量，高清电视屏幕上的像素点不得低于电视所显示内容的分辨率）包括三类，即720p、1080i和1080p，场频为50Hz或60Hz。中国广泛应用的高清格式为1920×1080i，美国为1920×1080i和1280×720p两种，画幅宽高比为16：9，可采用5. 1声道，具有环绕立体声效果，同时能兼容接收其他较低格式的信号并进行数字化处理。其中，1080p是世界公认的高清标准，被称为“全高清”（Full HD），也是最高等级的高清视频清晰度标准。

表3-1　国际电讯联盟（ITU）推荐的高清晰度电视（HDTV）参数标准

每行有效样点数	1920
每帧有效扫描行	1080
取样结构	正交取样
像素形状	方形像素
画面高宽比	16：9

续表

每帧扫描行数	1125行
垂直扫描类型	逐行或者2：1隔行扫描
垂直扫描频率	逐行23. 976/24/25/29. 97/30/50/59. 94/60帧 隔行50/59. 94/60场
取样频率	亮度：74. 25MHz 色度：37. 125MHz
标称带宽	亮度：30MHz 色度：15MHz
量化电平	8或者10比特

表3-2 国家广播电视总局高清晰度电视（HDTV）参数标准

每行有效样点数	1920
每帧有效扫描行	1080
取样结构	正交取样
像素形状	方形像素
画面高宽比	16：9
每帧扫描行数	1125行
垂直扫描类型	逐行或者2：1隔行扫描
垂直扫描频率	逐行24帧 隔行50场
取样频率	亮度：74. 25MHz 色度：37. 125MHz
标称带宽	亮度：30MHz 色度：15MHz
量化电平	8或者10比特

高清电视具有高效的码率压缩和通道编码方式，这使得比原来普通电视信息量大得多的高清电视能在原来的频道进行内容传送，原来只能传送一路模拟电视的卫星或其他通道现在可以一传四或一传八。在有线电视传送中，550MHz~862MHz的带宽内可安排600套VHS质量的数字电视节目。因此，高清电视带来的不仅是图像质量的提高，还有现有频率资源的大幅度增值，给电视

业务和经营方式及制作方式带来巨大的变化。[①]

高清电视技术来自数字电视技术，高清电路需要更高的通道带宽和采样频率。高清电视标准要求视频的每个像素色深达到24位，即RGB三原色每个至少要达到8bit量化精度。以标准的4：2：2取样、8bit量化精度的1920×1080i/50Hz的高清图像为例，其比特率为829. 44Mb/s，因此需要数字音视频技术进行压缩与存储。H. 264/AVC视频编码标准能够在较低带宽提供高质量的图像传输，与MPEG-2压缩标准相比，在相同重构图像质量条件下，H. 264/AVC能节约大概50%的码流，对网络传输也有更好的支持，在数字高清电视领域被广泛应用。在高清电视传输方面，高清电视信号的传输接口对数字信号质量影响较大，目前有许多合适高清视频传输的接口标准，如传输模拟信号的VGA接口、色差分量接口，传输数字信号的DVI接口、HDMI接口、Display Port接口、SDI接口等。高清晰度串行数字接口（HD-SDI）标准经 SMPTE 协会定义，可以实时地传输非压缩的高质量数字视频数据，是高清信号长线传输的最佳选择之一（具体可参照本书学习单元二的相关内容）。

二、高清电视节目制作的特点

与标清电视相比，高清电视无论是分辨率还是帧速率都相对较高。最初，高清电视设备广泛地应用于电视剧、电影制作领域。随着高清技术的成熟，高清电视制作能力提升、传输通道扩展、存储成本降低，这一系列优势贯穿于电视节目制作的前期摄录、后期编辑、演播室制作、播出和传输等环节。不仅高清后期编辑设备被普遍应用，电视台普遍建设高清制作网络，高清系统的转播车、演播室也被大量采用。

在色彩方面，Rec. 709色彩标准是高清电视的国际标准。1990年，国际电信联盟将Rec. 709作为高清电视的统一色彩标准。一方面，高清电视节目画面层次细腻、色彩丰富、细节精细，观众可以拥有较好的视听体验；另一方面，高清电视技术也使得电视节目制作发生了深刻的变化，编导需要充分利用高清电

① 孟群. 电视节目制作技术［M］, 北京: 高等教育出版社, 2006: 2.

视的技术优势，适应高清电视节目制作的新特点。例如，高清电视节目制作不但对摄像阶段的白平衡、焦点、曝光、构图等方面有着不同的要求，而且对于灯光、舞美、化妆等也都提出了新要求。

在白平衡方面，由于高清摄像机的敏感度较高，不同的滤光镜组合、不同的环境会有轻微的变化等，都会使高清摄像机CCD的敏感度有偏差。如果拍摄的景物变化较大，在拍摄时要特别注意白平衡的调节。

在焦点方面，高清摄像机与标清摄像机相比，水平视角范围大，可以涵盖更大范围的景物，相应的景深也就更浅，这也为高清摄像机留下了对焦困难的弊病。高清摄像机的焦点问题是由高清的景深引起的，可以使用大尺寸高清晰度的监视器，或者采用聚焦辅助功能来解决。

在曝光方面，对于景物光线照度，高清摄像机和标清摄像机要求不同。高清摄像机在照度上有更高的要求，一方面源于二者像素的差异，高清摄像机的高像素造成了其灵敏度的下降。另一方面则是因为，高清摄像器件成像面积小于同样尺寸的标清摄像机。由此我们能够看出，高清摄像机拍摄的光线照度不易掌握。在同样照度、同样景别、同样机位的条件下，高清摄像机拍摄的景深小于标清摄像机，提高景物照度或加大光圈是高清摄像机拍摄的必然要求。高清拍摄时，标准监视器、示波器的加入能够起到辅助作用。此外，在高清演播室内，灯光系统的设计和化妆的配合，可为呈现更加清晰、优质的画面提供更大的可能性。

在构图方面，标清电视的画幅比例为4：3，高清电视16：9的画幅视域宽广，横向内容扩展，更适合展示大场景。由于画幅发生变化，构图设置也需要随之调整。一般涉及人物特写镜头的拍摄时，要求适当填补画面左右部分。

在舞美、化妆等方面，由于高清摄像机下的拍摄对象细部呈现特征明显，因此，要求舞美、化妆等更细致和精细，尤其在近景和特写镜头中，细微的布景接缝等都可能穿帮。镜头下的皮肤细节过于清晰，瑕疵往往一览无遗，因此，高清拍摄对人物化妆的要求更加高，要求妆感细腻自然，能够修饰、遮盖瑕疵。

三、超高清电视(4K)技术的特点

电视屏幕不断扩大，标清节目逐渐无法满足大屏幕电视观众的需求，这就推动了电视节目从标清到高清、从高清到超高清的发展，4K技术已成为广电行业的重要发展方向，产业链上各个环节的技术均已趋于成熟。2012年8月，超高清国际标准确定。2014 年，韩国开通了超高清电视节目测试，日本NHK也于当年试播超高清电视节目；2014年南非世界杯期间，英国广播公司(BBC)尝试采用超高清信号的直播方式，各大体育赛事的现场直播也成为4K发挥作用的重要领域。中国电视技术领域同样较早地启动超高清电视，2014年7月，国内超高清节目试播，例如，江苏卫视和大连有线电视台相继试播超高清节目。

超高清电视，英文名称为Ultra-High-Definition Television，缩写为UHDTV；屏幕的物理分辨率为3840×2160（4K×2K)及以上。

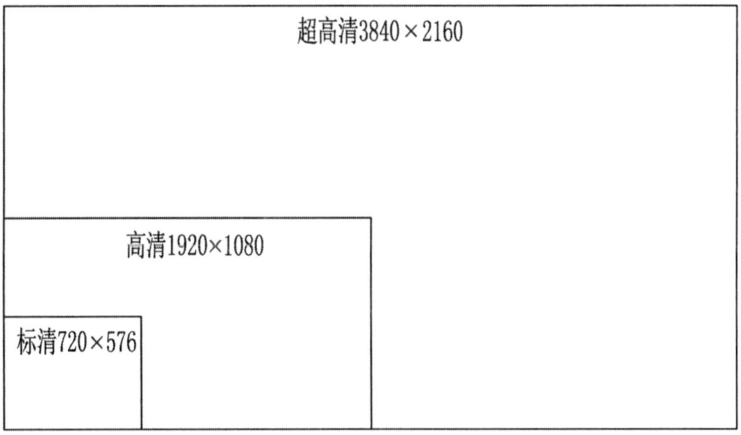

图3-1 标清、高清和超高清电视的屏幕物理分辨率比较

国际电讯联盟（ITU）定义了UHDTV1和UHDTV2两个层级：UHDTV1的每帧像素数为3840×2160，通常标识为4K；UHDTV2的每帧像素数为7680×4320，通常标识为8K。采用帧频120Hz的UHDTV2，其每帧信息传输量接近每秒40亿像素。

表3-3 标清、高清以及超高清节目制作交换参数比较

参数	标清电视 SDTV	高清电视 HDTV	超高清电视 UHDTV
技术标准	ITU – RBT. 601	ITU –RBT. 709	ITU –RBT. 2020
分辨率	720 × 576 / 720 × 480	1280 × 720 / 1920 × 1080	3840 × 2160 / 7680 × 4320
像素宽高比	非方形像素	方形像素	
画幅宽高比	4 : 3/16 : 9	16 : 9	
取样结构	4 : 4 : 4 / 4 : 2 : 2 / 4 : 2 : 0		
量化	8 / 10 bit		10 / 12 bit
色域	EBU / SMPTE –C	ITU–RBT. 709	ITU–RBT. 2020
基准白	D65		
伽码	0. 45		
扫描	隔行扫描	隔行/逐行扫描	逐行扫描
刷新频率	50/60Hz	24/25/30/50/60Hz	24/25/30/50/60/120Hz

超高清电视的观看视角更大，观看距离更近，具有更佳的临场感，观众可以享受到“浸润式”的收视体验，数字电视向超高清电视快速演进。

表3-4 UHDTV与HDTV的技术指数比较

	UHDTV	HDTV
分辨率	3840 × 2160 / 7680 × 4320	1920 × 1080
水平视角	100度	30度
观看距离	屏幕高度0. 75倍	屏幕高度3倍
声音	22. 1 声道	5. 1 声道

在视频节目制作领域，人们常常会提到超高清的概念，同时又提到4K的概念。一般来讲，超高清主要是标识电视画面的概念，4K主要是标识电影画面的概念。“K”是一个分辨率的范畴，它被用来描述像素值，以图像水平方向上的像素值来表示画面的大小，其中1K相当于1024个像素，4K图像就是指水平方向每行像素值达到或者接近1024的4倍，即4096个像素。4096 × 2160的分辨率主要用于数字电影领域，3840 × 2160的分辨率则多用在超高清电视领域，这也是广电行业超高清电视节目的主要标准。

表3-5　电影和电视分辨率比较

电影/电视	电影4K	电影2K	超高清电视UHDTV	高清电视HDTV
分辨率	4096×2160	2160×1080	3840×2160	1920×1080

人眼视觉体验可以分为空间分辨率、时间分辨率、亮度动态范围、色度动态范围、量化精度、视场角、景深等维度，对于电视机等平面显示设备，主要涉及前4个维度。在超高清电视（4K）的基本技术指标方面，主要包括空间分辨率、时间分辨率、亮度动态范围、色度动态范围、量化精度等主要维度。[①]

表3-6　超高清电视基本技术维度的技术指标

技术维度	技术指标
编码协议	H. 265 Main 10 Level 5. 1
码率	20~50 Mbit/s
分辨率	3840×2160，4096×2160
帧率（FPS）	60，50，30，25，24
量化精度（BITS）	10，8
亮度动态范围（TF）	ST-2084（Metadata），HLG，SDR
色域	BT. 2020，BT. 709
音域	3D环绕声

空间分辨率：分辨力即人眼分辨图像细节的能力，具体来说这种分辨能力反映的是人眼对空间物体的细节感知度，进一步描述可称之为视角分辨力。1080p分辨率可以支撑40.4寸的屏幕。4K超高清的分辨率可达到电影级别的画质，与之相匹配的屏幕范围是40.4 ~ 81.5寸。

时间分辨率：一般来说，闪烁、运动模糊、抖动频闪效果都是人眼通常可以感知到的。传统电视的帧率为25fps/30fps，如果想提升观众的观看体验，尤其是想提升观看体育节目的体验，可以选择更高帧率的60fps。通常超高清电视的帧率分两种情况，对于较小的屏幕尺寸，对应的帧率需要达到60fps；对于较大的屏幕尺寸，帧率可以采用120fps。

① 梁博，张沛，孟领. 4K超清时代来袭，需重新定义六大视频指标［J］. 通信世界，2017（8）：50-52.

亮度动态范围：一个图像亮度级的最大值和最小值之比称为“动态范围”。例如10^{-6}到10^{8}nits大约就是人眼能感受到的亮度动态范围，而人眼能感受到的瞬时动态范围跨度可以高达10 000nits。传统的SDR电视的亮度通常只有几百nits，而现在的HDR电视，其内容动态范围得到扩大，超高清所能表达的信息也会比以前多得多。

HDR的全称是High-Dynamic Range，即高动态范围图像技术。动态范围（Dynamic Range）即一幅图像中最亮处和最暗处之间的比值。在真实场景中，亮度的动态范围可达到100 000：1，相比较传统电视，HDR技术大幅提升了电视画面的质量，可以带来具有真实感的景深和运动模糊效果。一方面，HDR 技术能够通过对明暗画面的亮度控制，比如对明亮画面的亮度进行提高、降低昏暗画面的亮度，达到强化明暗画面之间对比度的目的；另一方面，HDR技术也可以对亮度的动态表现范围进行拓展，所展示的画面也会尽可能地接近人眼所能获取到的动态范围。

色度动态范围：色域用来体现色度动态范围这一指标。广色域WCG（Wide Color Gamut）代表的是颜色范围的扩展。随着技术的不断更新，色域将在超高清电视时代提升到BT. 2020。国际电信联盟组织（ITU）已将BT. 2020色域空间定位为 4K/8K时代的一个图像信号色域标准，同时也是4K Ultra HD蓝光的标准之一。BT. 2020是超高清电视所使用的色域空间，也是超高清时代显示设备中色域空间最大的色域空间标准。以普通蓝光标准所用的色域空间为例，其为仅覆盖了BT. 2020色域空间35. 9%的BT. 709（Rec. 709升级），可见BT. 2020的色域空间要比高清电视的色域空间大很多。同时，BT. 2020也覆盖了CIE 1931色域空间（CIE即国际照明委员会，此为该委员会制定的一系列色度学标准）的 75. 8%，可以显示出更多的色彩，使画面变得更为丰富。

随着色域的扩展，要想保证色彩能够平滑过渡，还需要随之提高其量化精度，10bit色深对广色域WCG来说是必不可少的。10bit能够显示10. 7亿种颜色（RGB中每个通道都有2^{10}=1024个等级，RGB三色则共有1024 × 1024 × 1024种色彩搭配，即10. 7亿）。普通蓝光标准和广色域WCG分别支持的是8bit色深和10bit

色深，通过对比两者的显示效果，10bit的颜色明显比8bit更加饱满，色阶过渡也比8bit更加流畅，二者差距显著。由此，4K Ultra HD 蓝光标准中也将10bit定为规定色深。

在视频接口方面，目前有两种接口可以支持4K分辨率输出，一是DP（Display Port）接口，需要支持DP1. 2标准才能输出4K分辨率；二是HDMI接口，可以使用支持HDMI 1. 4或更高标准的产品来输出4K分辨率。各类接口的具体参数如下：（1）HDMI 1.4 接口的数据带宽为10. 2Gbps，支持 4096×2160/24 Hz、3840×2160/30 Hz；（2）HDMI2. 0接口的数据带宽为18Gbps，支持 4096×2160/60 Hz、3840×2160/60 Hz；（3）DP1. 2接口的数据带宽为21. 6Gbps，支持4096×2160/60 Hz、3840×2160/60 Hz。

四、超高清电视（4K）节目制作的特点

超高清设备的研发更新迭代很快，采编录播等设备大量出现。例如，基于CMOS传感器技术的超高清摄像机能够制作出画面质量更高的电视节目。从拍摄画面效果来分，当前超高清（4K）拍摄设备可以分成两类，一类是电影类4K视频拍摄设备，另一类是电视类4K视频拍摄设备。电影画面和电视画面最主要的区别在于景深感，电影画面的景深范围较小，而电视画面的景深范围较大。①

在画面聚焦方面，与高清设备相比，超高清4K视频拍摄设备的像素点变小，从而使弥散圆变小，这导致景深也随之变小。浅景深使跟焦更为困难，在这种情况下需要使用辅助聚焦功能，比如峰值功能、放大聚焦和画面中心区域聚焦显示等。

在画面曝光方面，传统的电视节目制作可达到5 ~ 6挡的光圈范围。以索尼的超高清摄像机PXW-FS7为例，它具有14挡光圈的宽容度，这给摄像师提供了更多的操作空间和发挥余地。与此同时，该设备支持斑马纹和直方图等辅助曝光功能，这些都为获得更好的画面质量提供了有价值的辅助作用。

在光圈控制曝光时可以考虑采用“向右曝光原则”。通常摄像机的宽容度较大，但较大的宽容度范围很难在电视节目中完全发挥作用，在这种情况下，可

① 吴永波. 超高清 4K 电视节目拍摄探讨［J］. 电视技术，2016（1）：111—116.

以采用向右曝光的原则，即在曝光时稍微增大光圈，增加信号的整体电平，从而获得更多的暗部细节，然后后期再去调整和选择画面。

在拍摄时，由于超高清（4K）设备本身具有较宽的色域范围，所录制的画面色彩饱和度相对较低，这使得它能更好地展示相邻颜色之间的色差，从而展示更为细腻的画面。在进行超高清（4K）拍摄时，我们可以采用波形监视器的矢量图对画面色彩和饱和度进行监控。

在超高清环境下的电视节目制作中，我们可以根据不同的项目合理选择拍摄模式。超高清环境下，电视节目制作的后期环境更加重要，摄像师需要了解后期知识，调色环节的重要性凸显。从操作流程上讲，制作者需要更加注重流程管理，由传统的电视流程转向电影和电视融合的电影化流程。

五、项目案例：4K节目系统在2015年江苏卫视新年演唱会转播中的应用

2014年12月31日，江苏卫视新年演唱会在节目制作现场（南京奥体中心体育馆）搭建了当时国内首个完整的4K LIVE现场制作系统。转播系统主要由部分转播车上的4K设备和索尼公司提供的4K样机组成。整个流程都严格按照准直播的方式和要求，现场调光、切换、上字幕、输出记录，完成了4个半小时的4K 节目制作，这也是国内综艺节目的首次4K录制尝试。

高清转播车旁所搭建的4K EFP现场转播系统以索尼设备为主，包括6台PMW-F55讯道模式摄像机和2路高清上变换通道，切换台采用MVS-7000X，监看设备是PVM-X300，2台现场直播视音频服务器为PWS-4400，还有1台多通道记录存储单元SR-R1000，支持4K 的记录设备进行多通道4K录制。

2014年，国内外的4K拍摄基本都是使用35mm大画幅的4K摄像机，综合考虑了画质呈现、机位位置和设备构成情况。本次转播所有F55机位全部采用PL卡口的电影镜头进行拍摄。

1号机位于舞台正前方10米，采用85mm—300mm镜头，主要负责舞台歌手上半身的特写镜头。

2号机位于舞台正后方的看台上，镜头选择85mm—300mm，拍摄范围基本可以覆盖整个舞台前后。

3号机位于台口右侧，仰角，选用19mm—900mm镜头，负责近距离捕捉歌手和伴舞者，并兼顾拍摄观众前排位置的主持人。

节目录制的整体画质，特别是在弱光下细节的展现较好，比高清有所提升，但是也随之带来了一些问题，比如大画幅摄像机景深浅，使得聚焦难度大，容易虚焦。此外，由于电影镜头变焦范围小，长焦无法充分覆盖到远距离特写；虽然调整机位后情况有所改善，但是对于电视转播的覆盖要求，还是会有问题。

本次转播所设计的4K超高清转播车增加了两个4K扩展功能，HD CUT-OUT（4K画中画裁切输出）和4K STITCH（4K全景拼接），工作人员在现场尝试了HD CUT-OUT功能，可以在广角全景构图中同时得到中景或者特写画面。2015年8月4日，在江苏常州的《蒙面歌王》节目录制中，转播系统使用两台F55和拼接服务器，测试了4K STITCH功能。①

项目实训

项目名称：理解高清和超高清电视节目制作环境及其采编录播的工作流程

实训方法：实地观摩与操作

实训条件：高清和超高清节目制作系统

项目要求：1. 观摩高清/超高清电视节目制作的主要流程，了解高清/超高清电视节目制作的关键技术。

2. 了解高清/超高清摄像机的功能特性，采集符合高清/超高清电视节目要求的视频资料，了解高清/超高清非线性编辑系统设备。

① 本案例内容来自江苏省广播电视总台的吴英露发表于《现代电视技术》2017年第6期的文章《江苏广电超高清制作的探索和实践》。

实训步骤： 1. 教师组织学生前往电视台，实地观摩高清/超高清电视节目的摄录、后期编辑、演播室制作、播出和传输等环节。

2. 要求学生实际操作高清/超高清摄像机，在摄影阶段注意白平衡、焦点、曝光等方面问题，以适应高清/超高清电视节目的要求。

3. 要求学生通过观察高清/超高清电视节目的制作过程，结合实例，梳理高清/超高清电视节目的制作特点，写出实践报告。

项目总结： 教师对学生的实践报告进行评分，总结实际操作过程中的难点及问题。

学习单元四
电视摄像技术

学习目标

（一）知识目标

1. 理解摄像机的工作原理和构成。
2. 了解摄像机的技术发展过程及种类。
3. 了解摄像机的重要技术指标和系统构成，理解镜头的物理构成和成像原理。
4. 了解摄像机三脚架、轨道、云台、斯坦尼康等辅助设备的种类和功能。

（二）能力目标

1. 掌握摄像机的基本拍摄原则和操作步骤。
2. 熟悉摄像机的各组成部分，掌握当前一两款主流摄像机的操作方法，掌握不同镜头的适用标准和成像效果。
3. 掌握三脚架、轨道、云台、斯坦尼康等辅助设备的操作方法。

任务描述

任务一：根据拍摄环境和技术要求，选择适宜的摄像机型号、镜头及相应的辅助设备，熟练调整摄像机的各种参数，对云台、三脚架等辅助设备进行正确调试，培养良好的操作习惯。

任务二：在了解电视摄像的工作原理和技术特点的基础上，掌握摄像机的取景系统、操作系统、存储系统等使用方法，完成不同景别、不同角度的固定镜头、运动镜头的拍摄。

一、摄像机技术基础

（一）摄像机工作原理

摄像机通过镜头将被拍摄对象所构成的物体光像，通过电路进行转化与放大，将其由光学信号转换为电信号，最终投射到成像面上。以成像流程为基础，摄像机的工作原理是通过采样、分解与扫描、信号压缩与传输、放还四个阶段的工作完成的，具体如下：

1. 采样

采样主要是指有选择地记录信息。以色彩采样为例，色彩采样是指通过忽略读取一部分像素的色差信号，有选择性地记录色彩信息的方法。与色调和色彩饱和度相比，人眼对明度更为敏感，摄像机利用这一特性，通过减少读取色差信号像素的方法来压缩信息量。[①]采样是由摄像机中的镜头系统将所拍摄画面的景物光像通过电路转换组成电信号的过程。因为电信号的作用较微弱，要形成符合技术要求的信号需要通过对电路系统进一步放大来达成。

2. 分解与扫描

图像由许多密集的细小点构成，将景物图像进行化整为零的图像分解后，构成图像基本单元的这些小点即为像素。针对构成一幅图像的所有像素，摄像机系统需要按照一定的规律逐一对其进行光电转换、传输和电光转换。扫描作为摄像机系统的核心技术之一，是实现图像像素顺序分解和综合的过程。扫描关系着画面的分解与还原的程度。

3. 信号压缩与传输

光能被转换成相应的电荷的原理是：图像扫描完成后，光电转换系统中的感光元件受到聚焦的光线的照射，光学图像随之被转变为携带电荷的图像电信

---

① 佳能摄像机XF105使用手册［EB/OL］. ［2018-05-03］.http: //www. canon. com. cn/products/prodv/xf105/ .

号，这些电信号包含了亮度、色度和对比度等信息。通过模拟/数字转换器的转换后，电信号成为一系列数字信号。该数字信号随后又被送到编解码器，编解码器利用压缩算法压缩各帧，传输出可视信息。

4. 放还

摄像机可以通过有关控制系统将所记录的信号进行重放，这个还原的过程是对图像中的像素信号进行转换，由电信号还原成光信号的同时，对其进行放大处理。

（二）摄像机的重要技术指标

摄像机的技术指标是对摄像机性能的定量描述，对电视图像质量有决定性的影响，通常可通过主要的技术指标了解摄像机基本性能的高低。①

1. 灵敏度

灵敏度指标反映的是摄像机对所拍摄物体照度的反应能力，即在标准摄像状态下摄像机光圈的数值。标准摄像状态指的是，灵敏度开关设置在0db位置，拍摄反射率为89.9%的白纸。在照度2000 lx、色温3200K的照明条件下，图像信号达到标准输出幅度时，此时光圈的数值便是摄像机的灵敏度。灵敏度是衡量摄像机优劣的一个重要参数。在拍摄环境受限的情况下，为了降低对拍摄环境照度的要求，可使用高灵敏度的电子新闻采集（ENG）的摄像机。目前，广播级摄像机的灵敏度一般在F8 ~ F11之间，也有达到F13的。

2. 感光元件

感光元件的尺寸、数量、电荷转移方式和图像像素的数量等也是摄像机重要的技术指标。当每一个感光单元完成对拍摄物的采集、光电信号转换等步骤后，在所输出的图像上便形成相对应的点，如果将影像放大数倍，会发现图像色调由许多色彩相近的小方点组成，这些小方点就是构成影像的最小单位“像素”，像素是组成图像的最基本单元要素。

依据感光元件参与成像像素数量的多少，我们可以将像素分为最大像素

① 张宝华. 数字摄像机的主要技术指标、测试及选型[J]. 广播与电视技术，2006，33(2)：63.

和有效像素。最大像素是指CCD、CMOS等感光元件上的所有像素数量，通常包含感光元件的非成像部分。有效像素则是指真正参与感光成像的像素值。像素数量是衡量感光元件性能的重要指标，像素数量越多，感光密度越大，分辨景物细节的能力越强，成像质量越佳，像素数量直接影响着摄像机的分解力和灵敏度。

CCD芯片尺寸一般与其相应的像素面积成正比，直接影响着摄像机的性能。CCD像素数目越多，单一像素尺寸越大，分辨率越高，图像越清晰。CCD靶面尺寸大小可分为1英寸、2/3英寸、1/2英寸、1/3英寸几种。根据使用CCD元件的片数，可将摄像机分为单板机和三板机。在性能上，和三板机相比，单板机各项指标明显落后。目前，高清摄像机使用的2/3英寸CCD元件的像素数量可达200多万，分解力可达1000线以上。

3. 分辨率

分辨率又称分解力，即成像系统或系统器件能有差别地区分开两相邻物体最小间距的能力。分解力能够反映出摄像机分解和重现细节的能力。从技术角度讲，摄像机分辨率由感光元件像素数量多少决定，像素越多，分辨率越高，清晰度也越高。摄像机分辨率通常用水平分辨率表示，以成像后可以分辨的黑白线对的数目来衡量。分辨率和清晰度的区别在于，分辨率是在电视系统摄录、传输和显示过程中使用的图像质量记录指标，而清晰度则是人眼观看电视图像时的清晰程度。一般广播用摄像机水平分解力应不低于700线，目前高档广播级摄像机分解力已达800线以上。

分辨率通常用每英寸包含多少像素（Pixel Per Inch，PPI）来表示。比如常见的4K分辨率便是指画面在单位长度内包含4096×2160个像素，其中4096代表水平方向的像素数，2160代表垂直方向的像素数。通常所说的分辨率是指水平分辨率。

摄像机分辨率由感光元件像素数量多少决定，像素越多，分辨率越高，清晰度也越高。通常而言，摄像机分辨率可分为图像分辨率和输出分辨率。图像分辨率是指摄像机拍摄时，每英寸画面所包含的像素数。输出分辨率则是指摄像机记录和返送时，画面所能显示的像素有多少。输出分辨率通常与影像格式相关联，比如1080p便是指在逐行扫描下画面达到1920×1080分辨率的显示格式。图像分辨率与输出分辨率有关联但并不相同。摄像机可在拍摄时应用高分辨率，但记录时选用低输出分辨率。一台摄像机可以有4K的拍摄能力，但可以选择只记录为1080i的高清格式。在无特殊标注时，摄像机分辨率指标通常指图像分辨率。

4. 信噪比

信噪比一般指电子设备或者电子系统中信号与噪声的比例，能够反映出信号和“杂音”之间的关系。摄像机的信噪比通常指在标准照明条件下，其输出亮度信号的峰值与视频杂波的有效值之比，以dB为表示单位，它能够反映出摄像机影像对噪声的抗干扰能力。信噪比的数值越高，摄像机影像越能抑制噪音的影响，图像细节也更丰富。所以，信噪比也是衡量摄像机档次的一个重要技术指标，信噪比的数值大小是辨别摄像机的性能高低的重要参数。目前，广播级摄像机的不加权信噪比应在58dB以上。

5. 最低照度

最低照度是指摄像信号达到规定要求时的照度。摄像机设置增益+18dB，最大光圈，摄取反射率为89. 9%的灰度卡，使视频信号电平达到100%（0. 7VP-P）时所需的照度称为最低照度。照度的单位是勒克斯（lux或lx）。

最低照度与灵敏度有密切的关系，同时也与信噪比有关。通常我们希望最低照度指标要低一些。可是照度越低，视频信号也越低，要达到0. 7VP-P的视频电平，就要加大增益；加大增益的结果是降低了信噪比，使杂波增大，图像颗粒增粗，画面质量恶化。从这个角度讲，过低的最低照度往往难以保证图像信号的信噪比。

通常摄像机的最低照度指标是指在镜头光圈指数最小，即光圈孔径最大时所需的照明度。比如索尼PXW-FS7M2K的最低工作照度为0. 7lx（F1. 4），说明此摄像机在最小光圈指数1. 4时，拍摄所需的最低照明度为0. 7lx。数值越小，表示需要的光线越少，摄像机的灵敏度也越高。在ENG条件下使用时可以选择低照度摄像机，以降低对灯光的要求，在人眼看不太清楚的情况下，也能拍出可接受的图像，这对突发性新闻采集等特殊环境是有利的。

6. 码流

码流指视频文件在单位时间内传输使用的数据流量，也叫码率、码流率，是视频编码中控制画面质量最重要的部分，基本单位是Kb/s或者Mb/s。一般来说，在同样的分辨率下，视频文件的码流越大，说明单位时间内取样率越大，处理出来的文件就越接近原始文件，因而图像质量更佳，对播放设备的解码能力要求更高。

码流可分为固定码流CBR（Constant Bit Rate）和可变码流VBR（Variable Bit Rate）。CBR是指采用固定采样率的压缩方式，将其画面的每一秒都计算为固定大小，这样压缩编码时间短且解码算法简单，但缺点是当包含复合画面或运动画面时，会由于码率不够而丢失部分画面信息。从视觉上来看就是画面波纹严重，图像不清晰。

VBR是指采用动态采样率的压缩方式，根据视频文件特性即时调整码率。当编码视频中混有快慢动作衔接等复杂内容时，采用VBR进行压缩，可确保画面信息完整。使用VBR编码时，系统将自动识别视频内容的编码难易程度，从而优化码率配置。但相应地，VBR的缺点是运算量大且压缩时间长，对终端设备的解码算法要求更为复杂。

摄像机参数指标上清晰地标有CBR与VBR的不同码率，以索尼PXW-FS7M2K 为例，其固定码流CBR最高可达600Mb/s，VBR最大码率为185Mb/s。不同码流方式下，其视频格式也不相同。

7. 对比度

对比度是指摄像机能表示的最亮与最暗部分的范围。在通常情况下，拍摄对象最亮部分不超过最暗区域的20倍，即对比范围不超过20：1。超过这一限定范围后，摄像机就可能难以清晰地展现拍摄画面的明暗细节。在亮度相差较大的室外场景，为降低对比度范围，得到较好的拍摄效果，可采用遮挡强光，或者用灯光或反光板辅助的方式。

二、摄像机的类别和系统构成

（一）摄像机的类别

摄像机是电视制作的主要设备之一，不断更新换代，种类繁多，可按照性能、制作方式、摄像元件、信号性质等多个维度进行分类。

1. 按性能分类

（1）广播级

广播级摄像机主要用于广播电视领域，对画面质量要求严格，图像细腻、色彩逼真，各项技术指标较高。从性能上来看，广播级摄像机适应能力强，能适应寒冷、酷热、低照度、潮湿等工作环境，拍摄的画面质量稳定。

（2）专业级

专业级摄像机应用于中小型电视台、电化教育等领域，图像质量较好。从技术指标上讲，专业级摄像机符合一般摄像要求，相比于广播级摄像机，其体积较小。

（3）家用级

家用级摄像机主要是个人消费级摄像机，图像质量不及专业级。家用级摄像机的自动控制功能很强，白平衡、光圈等各项参数能够自动达到最佳状态，且价格低廉、结构轻巧、携带方便。

2. 按制作方式分类

（1）ESP制作方式用摄像机

ESP制作方式用摄像机配有较大的机头系统，图像质量较好，通常需要机架或底座设备来支撑，不便于移动。在操作ESP摄像机时，往往需要通过电缆把摄像机头和摄像机控制器CCU、同步信号发生器、电源等一系列设备相连接，确保生成高质量的图像。

（2）EFP制作方式用摄像机

EFP制作方式用摄像机成像质量与ESP相似，但体积更小，便于携带移动，适用于现场节目的制作。EFP摄像机可采用电池供电和交流电源供电两种方式。

（3）ENG制作方式用摄像机

ENG制作方式用摄像机是标准的便携式摄录机，体积小、重量轻、便于携带，对非标准的照明情况有良好的适应性。同时，ENG摄像机的稳定性极强，适用于复杂多变的环境中，自动化程度高，在实际操作中方便调整。

3. 按摄像元件分类

摄像元件是摄像机的核心。根据摄像机摄像元件的不同种类，摄像机可以分为摄像管摄像机和固体摄像机两大类。

（1）摄像管摄像机

摄像管是摄像机实现光电转换的关键部件，是一种专用电子束管。在传输系统中，摄像管负责将被摄图像分割成若干像素，按顺序将各像素的亮度转变成与之对应的电脉冲信号。摄像机摄像管经历了超正析像管、氧化铅视像管的不同阶段，成本较高、体积大，如今已被CCD、CMOS等固体摄像元件所代替。

（2）固体摄像机

从20世纪60年代开始，人们便开始了固体摄像元件的研究。直到1970年，美国贝尔实验室发明了一种新型半导体器件——电荷耦合器件（Charge Coupled Device 简称 CCD），固体摄像器件便开始应用于电视系统。相比于摄像管，固体摄像器件具有体型小、重量轻、寿命长、工作电压低、图像无几何失真等优点。CCD与CMOS是目前主流的感光元件，大部分专业摄像机均为采用CCD或CMOS感光元件的固体摄像机。

CCD是一种利用半导体原理设计制成的光电转换元件。CCD能够将多个微小感光元，即像素，通过集成的方式使它们聚集在同一块芯片上，芯片上的像素感光后的电荷会形成多种不同的电平信号，通过模数转换器便可将收集到的电信号转换为数字信号。

CMOS的全称是互补金属氧化物半导体（Complementary Metal-Oxide-Semiconductor）。早期的分辨率和灵敏度的不足使其成像质量比CCD低很多，但随着技术的发展，传感器的尺寸和光学输入力度逐渐变大变强，CMOS的成像质量也得到了很大改善，同时，由于工作效率高，CMOS具有较低的功耗，逐渐进入主流的广播级摄像机产品中。

4. 按摄像元件的数量和尺寸分类

（1）摄像元件的数量

根据摄像机使用摄像元件的数量进行分类。以CCD为例，在家用摄像机等对成像质量要求不高的摄像机中，通常采用一个CCD芯片，产生出红、绿、蓝三个基色信号；在对成像质量要求较高的专业摄像机当中，通常会采用三个CCD芯片，通过这三个芯片分别产生出红、绿、蓝三个基色信号，还原色彩图像准确，画面清晰，极大提高了成像质量。

（2）摄像元件的尺寸

像素是组成电子影像的基本单元，图像的成像质量受摄像器材的影响，芯片的大小决定了成像的质量，芯片的尺寸越大，有效像素越多，成像质量越好，灵敏度也越高。

表4-1　不同CCD芯片规格对应的成像面大小

CCD芯片规格	成像面大小（宽×高）	对角线
1英寸	12. 7mm×9. 6mm	16mm
2/3英寸	8. 8mm×6. 6mm	11mm
1/2英寸	6. 4mm×4. 8mm	8mm
1/3英寸	4. 8mm×3. 6mm	6mm
1/4英寸	3. 2mm×2. 4mm	4mm

5. 按产生的信号性质分类

（1）模拟摄像机

模拟摄像机生成和输出的均为模拟信号。模拟摄像机基本上已经退出电视节目制作领域，被数字摄像机所替代。

（2）数字摄像机

数字摄像机生成和输出的信号是数字信号。数字信号的存储、处理和传输更为便捷，能够在一定程度上避免干扰和噪声，保证在远距离传输时的成像质量，从而避免了信噪比和失真度的劣化。

（二）摄像机的取景系统

取景系统的核心功能是将被摄对象采录进摄像机，实现光学图像与电信号的转换。取景系统的主要组成部件为镜头和感光元件。通过镜头收集所拍摄对象的影像的过程，是将光学图像通过感光元件转换成为携带着电荷的光点成像，通过这种光电转换的过程，形成符合特定技术要求的电信号，并从摄像机中输出。

1. 镜头

摄像机通过镜头观察景物形成影像。镜头由透镜系统组合而成，包含许多片凹凸不同的透镜，如调焦镜、变焦镜、补偿镜和移像镜等。对于摄像机来说，镜头是最重要的部分之一，直接决定着摄像画面的技术质量与艺术效果。

焦距，指从镜头的光学中心到镜头中影像之间的距离，是衡量镜头性能的重要指标。按焦距类型，镜头可分为固定焦距的定焦镜头和焦距可变的变焦镜头。定焦镜头的焦距长短不一，从长度上区分，可分为标准焦距镜头、长焦距镜头、短焦距镜头三种。

标准焦距镜头是与人眼视角大致相同的镜头，焦距近似于摄像机画幅的对角线。通常情况下，标准镜头所适配的全画幅摄像机焦距范围大致为50mm。

短焦距镜头的焦距小于标准镜头，其视角广于标准镜头，又称为广角镜头。广角镜头所捕捉的画面景深较长，视野开阔，可以展示需要立体感和空间效果的广阔场景等画面。与此同时，广角镜头对成像结果会产生部分扭曲的效果，广角视角越大，扭曲效果越强。

长焦镜头焦距长，视角小于标准镜头。焦距从100mm到1000mm不等，焦距为100mm左右的镜头称为中长焦镜头；焦距为200mm以上的镜头称为长焦镜头。长焦镜头会将景物压缩在一起，减弱景物原有的立体感和空间感。

变焦镜头指可变换焦距的镜头。变焦镜头能够通过对焦距的调整实现对所摄画面的拉远、拉近的功能，具有较强的实用性与便捷性，但成像质量相对较低，可变换焦距越大，成像质量受影响越大。若变焦镜头上安装了电动变焦装置，在电动马达的驱动下，能够实现更为便捷的自动化操作。

2. 感光元件

感光元件是摄像机负责光电转换的装置，可感受和记录外界光线的信息，并将其转换为电流，同时转换为数字信息；之后，再经过计算机运算处理，可得到影像的数据文件。

作为决定图像质量的关键器件，感光元件面积越大，意味着摄像机可接收越多的光线信息和细节，成像质量越好。

3. 取景器

取景器是摄像机上供摄像师选择取景范围、检查画面构图以及画面清晰度的必要装置。取景器能够显示所拍摄的画面，能够帮助摄像师对所拍摄的画面进行调整。早期的取景器只能起到辅助构图的作用。现今的摄像机取景器不仅能够帮助摄像师构图，而且能够辅助对焦，查验摄像机的诸多拍摄指数状态等。

（三）摄像机的控制系统

摄像机控制系统负责实现摄像机的调光、变焦、聚焦、录音、通讯等功能，利用处理器内部集成的软件功能，配合相应的外围电路，通过计算机与软件编程，灵活、快速地实现对摄像机成像的控制。摄像机控制系统主要分为硬件和软件两大部分，硬件部分主要有模拟电路部分、数字电路部分、电机驱动电路部分；软件部分主要是根据外部的命令及时进行调光、变焦、聚焦等，以使摄像机实时具有最佳的视觉效果。

1. 对焦控制

对焦，又称调焦，是指通过调整对焦系统的焦点，使所拍摄对象在摄像机的感光元件上逐渐清晰的过程。对焦分为手动对焦和自动对焦两种方式。

手动对焦是指摄像师通过对镜头对焦环进行调整，从而获得清晰成像的过程。摄像师可通过寻像器或者监视器观察手动对焦的成像是否清晰。在手动对焦时，摄像师要注意焦点要时刻保持在所要拍摄的对象上。

自动对焦是指摄像机自动对拍摄对象进行对焦来获得清晰的影像。自动对焦的成像是否清晰取决于摄像师使用摄像机时对焦点的选择是否正确。自动对焦往往无法达到手动对焦的精确程度，但是能够在无法手动对焦的特定场景（比如突发事件）中发挥出作用。

2. 变焦控制

变焦操作是指为了得到合适范围的图像，连续调整镜头焦距的过程。变焦操作满足了取景构图的便捷性需求。变焦操作通俗来说主要就是两方面的操作，即推镜头（Zoom In）和拉镜头（Zoom Out）。变焦镜头的焦距决定视角，焦距为8mm~15mm的鱼眼镜头，人能感受到强烈的透视感；焦距为17mm~35mm的广角镜头，给人视野广阔之感；焦距为70mm~200mm的长焦距镜头，视角较小，有类似望远镜的效果。镜头焦距的长短也直接影响画面的成像和景深。

3. 快门控制

快门能够控制镜头有效曝光时间。一般摄像机的快门设置有1/30秒、1/60秒、1/125秒、1/250秒、1/500秒、1/1000秒等。相临两挡快门速度相比，1/30秒是1/60秒进光量的两倍。快门调节由shutter键来完成。拍摄高速运动的对象一般要使用高速快门。

4. 光圈控制

光圈是能够控制进光量的装置。通常用F值来标示光圈的大小，F的数值和光圈的大小成反比。常见的光圈挡位有：F1. 0、F1. 4、F2. 0、F2. 8、F4. 0、F5. 6、F8. 0、F11、F16、F22、F32、F44、F64。F=镜头焦距/镜头有效通光口径直径。相邻两个光圈挡位之间，镜头有效通光口径直径相差$\sqrt{2}$倍，所以数值相差接近1. 4倍。

光圈控制有手动和自动两种方式。手动光圈通过手动调节曝光量达到预期效果。自动光圈则通过电信号的反馈实现光圈的自动调节。

5. 视频图像信号处理

视频图像信号处理是指对摄像元件输出的图像信号进行预放大后，对三基色图像信号进行各种校正、补偿等处理。之后，对经过加工处理后的红、绿、蓝三基色信号进行彩色编码处理，得出包含亮度信号和色度信号的彩色全电视信号，然后向外输出。亮度信号携带色彩信息，这样便能实现彩色电视与黑白电视兼容。视频图像信号处理一般包括白平衡、黑平衡、增益等几个方面的内容。①

（1）白平衡

白平衡是摄像机正确还原色彩的前提。在不同的光线下，调整白平衡能够使画面准确地重现真实的色调。开机后，摄像师首先要进行白平衡的调整。在拍摄的过程中，当光线环境发生变化，尤其当主光源改变的时候，需要重新进行白平衡调整。如果肉眼观察到画面偏色，也要重新进行白平衡调整。若在突发情况下，现场无法找到白平衡卡时，摄像机也有预制的色温和自动白平衡可以选择，此外，被摄对象附近的白色物体（例如白纸、白布或白墙）也可以成为白色替代物。我们应选用反光少的白色物体，填充的白色目标物至少应该占显示屏的80%。

在拍摄过程中，对画面色彩还原要求越高，对白平衡目标的白色标准要求越高。专业白平衡校正卡纸调整白平衡最为准确。关联镜头的白平衡卡纸应当是一致的，这也是控制多镜头色调一致的关键。白平衡校正卡纸需要与拍摄对象光线条件一致，在室外自然光中，应使太阳光与卡纸形成45度角，兼顾太阳直射光和天空散射光，采取顺光照明的方式进行白平衡调整；而拍摄彩灯较多的室内舞台节目现场或者夜景灯光演出现场等，一般用预制的3200K挡。在标准色温的灯具下拍摄，也可以使用预制的白平衡挡。白平衡值具有的保存记忆功能（A、B两挡），适合在两种光源色温条件交替的活动场景中使用。

也有根据创作意图改变画面色调的情况，比如镜头人为地偏色。如果利用偏红、黄的白纸代替纯白物体进行白平衡调整，拍摄画面色彩会偏青蓝，形成冷色调。同样，如果选用偏青、蓝的白纸调整白平衡，拍摄的画面就会偏红。摄像师利用色纸进行白平衡调整，或者在一种光源色温下进行白平衡调整，然后

① 李学明. 数字影视技术概论［M］. 北京：高等教育出版社，2012：173-174.

到另一种光源色温中进行拍摄，可以利用产生的主观色调满足渲染某种气氛、营造主观情感的需要。

（2）黑平衡

摄像机在拍摄黑色物体时，三个基色电平应当相等，才能正确地反映出不带杂色的纯黑，这种现象叫作黑平衡。将黑平衡调整准确后，才能在表现画面暗部或黑色物体时不发生偏色现象。单个摄像机出厂时已设置好黑平衡参数，使用者一般无须再作调整。当摄像机长时间没有使用或工作环境的温度发生较大变化时，需要先进行黑平衡的调整。调整黑平衡前首先要将摄像机的光圈打到自动光圈的位置，再按下黑平衡按钮（ABB），摄像机会自动进行黑平衡的调整，当寻像器上出现“AUTO BLACK OK”字符时，说明黑平衡调整完成。在进行黑白平衡调整的时候，正确的调整顺序是先进行黑平衡的调整，然后进行白平衡的调整。[①]

（3）增益

若拍摄环境的照度比较低，即便镜头的光圈已开到最大，拍摄的图像仍然可能很暗。如果受条件所限不能用灯等照明器具进行补充，则可以利用摄像机上的增益控制钮来增加电路系统的增益。

为了在不同照度下输出标准视频信号，减少拍摄环境照度的限制，摄像机的增益控制钮能够调节控制摄像机图像输出信号电平的大小，增加电路系统的增益。在光线较弱的情况下，增益能够产生增大拍摄画面的亮度的效果，但由此会提升背景噪声，从而影响影像图像的质量。增益开关有0dB、9dB、18dB等挡位。

6. 录音控制

摄像机可通过随机话筒或外接话筒采集同期声。随机话筒能够适应拍摄现场的声音高低，调整采集声音的电平，对采集声音进行一定程度上的调控。在使用ENG声画一体机拍摄的过程中，我们一般都要打开随机话筒录制环境音、参考音。随机话筒的主要缺点在于机位固定，完全受摄像机的限制，无法随意调整话筒与声源的距离，通常无法满足影片语言高清晰度的要求。因此，我们

① 魏雪岩. 专业高清摄像机色温、白平衡、黑平衡原理与实际应用［J］. 影视制作，2015（8）：41.

通常使用外接的超指向话筒或无线话筒录制主声源，随机话筒作为补充录制现场声（环境声）。随机话筒的优势在于完全解放了录音师，将拍摄人员数量压缩至最少，机动性、隐蔽性都比较高，在突发事件的拍摄中往往能显示出其优势。

7. 自动控制系统

自动控制系统指对通光量、CCD曝光时间、变焦及聚焦机构的自动控制，极大地提高了摄像机的自动或电动调节能力，便于操作。自动控制系统一般包括自动白平衡调整、自动增益调整、自动光圈、自动变焦、自动聚焦等。

8. 通信系统控制

在摄像过程中，尤其是在演播室录制过程中，摄像人员要与导演及其他摄制人员相互联系，同时也需要知道所拍画面是否合乎需要，这些都离不开摄像机通信系统的支持。摄像机通信系统主要有[①]：

（1）内部通话系统

内部通话系统（Headphone Intercom System），专门用于控制室导演与摄像人员之间的联络，摄像人员通过它可以和导演等进行通话。摄像机上通常都有一个三芯的对讲插座，可以插上既有话筒又有听筒的对讲耳机。

（2）演播指示系统

演播指示系统（Tally System）用于提醒摄像人员正确操作或按导演意图拍摄镜头内容。当某个摄像人员摄制的画面被采用时，他所持摄像机寻像器里的演播指示灯将会亮。

（3）视频返送系统

视频返送系统（Video Return System）是指摄像机不仅能输出视频信号，也可利用寻像器监看从外部设备送入的信号，比如其他机器拍摄的图像，或是特技台上已合成的图像等。

（四）摄像机的存储系统

存储系统负责将信号源传输来的电信号记录在存储介质上。存储介质可分

① 李学明. 数字影视技术概论［M］. 北京：高等教育出版社，2012：176–177.

为磁带存储（Tape）和无带化存储（Tapeless）两类。无带化存储以光盘、硬盘或闪存作为存储媒体。无带化存储是一种非线性存储，优势在于拍摄后可以直接进行编辑，而无须经过转存、格式转换等过程。存储介质的改变使得电视节目制作流程更加简洁、高效，不仅越来越多的专业摄像机使用光盘、硬盘、闪存等新型记录介质作为存储系统，而且制播全程无带化的理念在采、编、播、管、存流程中得到了强调，无带化存储介质在电视节目制作的各个环节中发挥出了积极作用。

1. 磁带

磁带是一种有效的存储方式，也一直是标清时代最主要的存储方式。磁带是一种线性存储，磁带的弱点在于不仅面临丢帧、脱磁、磁头磨损等不可抗的耗损问题，而且磁带的采集，也就是上载的耗时问题成为电视节目制作效率提升的最大瓶颈。磁带格式的发展分为两个阶段和两个系列，两个阶段就是模拟阶段和数字阶段，两个系列就是松下公司和索尼公司各自的产品线。其中，松下序列的模拟录像机的磁带格式包括U-matic格式、MⅡ格式等；数字录像机的磁带格式包括标清的D3、D5、DV、DVCPRO、DVCPRO50格式和高清的HD D5、DVCPRO HD格式等。索尼序列的模拟录像机的磁带格式包括U-matic格式、Betacam格式等；数字录像机的磁带格式包括标清的D1、D2、Digital Betacam、Betacam SX、DVCAM格式和高清的HDCAM、HDV格式等。后来，光盘、硬盘或闪存等非线性存储已经逐步取代了以磁带为代表的线性存储。

2. 光盘

相比较于磁带，光盘便于携带、更加轻便、容量更大。蓝光光盘（又名“专业光盘”）是新一代的光盘格式，属于光存储的范畴。蓝光光盘的记录层上使用了一种特殊的记录材料以保证记录的稳定性，数据存储量比传统的DVD有了巨大的飞跃。

2003年索尼公司在NAB展会上首次推出XDCAM专业光盘，利用单光头的86Mbit/s传输速率以及双光头的144Mbit/s传输速率实现高比特率的记录和顺畅的资料传输。光盘直径为12cm，提供23. 3G和50G两种容量。[①]索尼PDW-700高清专业光盘摄录一体机即采用了XDCAM光盘作为记录介质。

3. 硬盘

2004年JVC推出第一代硬盘摄像机，采用可更换的4G微型硬盘。索尼也于2006年推出首款硬盘摄像机——DCR-SR100E。硬盘的数据存储和读取较为便捷，在后期编辑时可节省大量精力。硬盘的主要缺点是不抗震和容量有限。

2004年美国数据存储厂商艾美加（Iomega）推出全新REV磁盘驱动器和35G便携式硬盘，这是首款基于RRD技术的产品，既具备磁带的移动性，又拥有硬盘的速度和易用性。REV磁盘驱动器的读写头与硬盘分离的设计，弥补了硬盘容易因读写头造成损坏的缺陷。REV磁盘的数据传输速度高出磁带8倍，最大可保持25M/s，可随机存取拖放，用户能够在数秒内复制和存储单个文档。[②]

4. 闪存

随着摄像机对存储介质便携性和存储容量要求的提高，闪存存储介质逐渐兴起。相对于以往的存储介质，闪存存储介质的优点主要有体积小、易携带、更换便捷、读取效率高等。专业级和广播级摄像机广泛采用闪存存储作为介质，例如，松下使用的P2卡，索尼使用的S×S卡。

松下公司于2003年发布P2卡（Professional Plug-in Card），它是一种为专业音视频存储而设计的小型固态存储卡，存储核心采用4片高速SD卡，最大数据率达640M/s。每一段音视频数据都是MXF和元数据文件，可以直接用于非线性编辑或在网络上进行传送。P2卡在结构上没有采用硬盘存储或光盘存储的机械结构，体积小、重量轻，具有扩展性。由于没有光头或者磁头这种精密又脆弱的器件，P2卡具有出色的抗震动和抗撞击性能。[③]P2卡采用PCMCIA接口，用户可直接插入P2卡进行素材读取、编辑及传输，实现了IT化高效率工作流程，有16G、32G和64G等多种规格。P2卡主要应用在松下品牌的广播级和专业级摄像机以及广电设备上。

---

① 刘怡昆. 蓝光盘和P2卡的性能比较［J］. 中国有线电视，2006（12）：68-71.

② 王健，耿业军. 非磁带记录介质高清摄像机的性能分析［J］. 电视技术，2010（2）：75.

③ 李玉星. 替代磁带的下一代摄像机存储介质（下）［J］. 现代电视技术，2008（2）：60.

2007年4月，闪迪与索尼联合发布了S×S存储卡规范。S×S存储卡是全球第一种基于PCI Express的固态存储介质。S×S存储卡能针对专业摄像机和非线性视频编辑系统提高工作性能，使用内部闪存，接口采用ExpressCard标准接口，通过PCI Express高速总线与电脑连接进行传输。PCI Express的最高传输速率可达到2. 5Gb/s，而S×S卡的数据传输率也有800Mb/s。S×S卡被广泛应用在索尼专业摄像领域的各机型中。

除了P2卡、S×S卡，常规存储卡的主要类型还有CF卡、TF卡、SD卡等，不同存储卡的读取速率和写入速率各不相同，主要被应用于专业级摄像机和各类数码相机。衡量存储卡的速率需观察两项指标，一是最高速率，通常以M/S表示，比如80M/S，表示该卡最高速率可达每秒钟80MB；二是最低速率，通常在存储卡上用CLASS级别来表示，比如CLASS 20，表示传输过程最低的速度要求是每秒钟20MB。高清摄像机拍摄视频时，需要对最低速率有要求，来保证拍摄的数据流连续稳定存储。同时，存储卡速率越高，越能带来更顺畅的拍摄体验。

SD卡（Secure Digital Card）是目前摄像机应用最为广泛的存储卡，尺寸为32mm×24mm×2. 1mm，是一种基于半导体闪存工艺的小型存储卡，具有容量大、数据传输率高、灵活性好的特点。SD卡的结构能保证数字文件传送的安全性，可以支持高码流的数据流量，主流产品的容量从4G到256G，一直在不断提升。

CF卡（Compact Flash Card），即小型闪存卡，其尺寸为43mm×36mm×3. 3mm，重量较轻。CF卡比SD卡的稳定性更好。CF卡可以通过适配器直接用于PCMCIA卡插槽，也可以通过读卡器连接到多种常用的端口，如USB等。

XQD卡是由索尼公司等新研发的一种采用快闪存储器的记忆卡格式，是用来取代CF规格的产品。XQD卡主要应用于高分辨率的摄像机和数码相机，读取速度高达500MB/s，写入速度最高为180MB/s，储存容量可超过2TB。目前大部分高清摄像机均支持XQD卡存储规范。

TF卡（TransFlash Card），又称Micro SD Card，由SanDisk（闪迪）公司发明，是一种超小型储存卡，体积为11mm×15mm×1mm。它可以经过SD卡转换器与具有SD插槽的设备连接使用，具有便携、传输速率高等优点，常用于移动电话。

（五）摄像机的电源系统

摄像机电能可以通过电缆获得，也可以利用电池获得。不同品牌、不同型号的摄像机都有专属的电池类型，了解摄像机的电池类型和型号是摄像师前期准备工作的重点之一。摄像机中的供电系统（power supply）负责转换电流和电压，来满足不同部件的需求。摄像机中的供电系统除了给主机供电之外，还要给寻像器、自动光圈、电动变焦等部件供电。

目前，主流摄像机普遍采用锂离子电池供电，这种电池是可以反复利用的，能量密度高，工作持久。

三、摄像辅助设备的操作与应用

（一）三脚架与云台

三脚架是支撑摄像机平稳移动的外置设备，云台是连接摄像机和三脚架的装置。在良好的拍摄站姿和轻巧的操作习惯前提下，正确使用云台和三脚架，掌握调整云台、三脚架高度和水平的方法，是使拍摄快捷、流畅的必要保证。

1. 三脚架

（1）三脚架的组成

三脚架展开后，从下至上的结构为脚钉和脚撑架、脚管锁、脚管、中柱升降手把、中柱锁、中柱、脚管连接平台、云台底座。

云台和三脚架通过云台底座进行连接，云台底座位于中柱顶端，底座上有螺旋纹，通过云台上的螺丝与云台相连。脚撑架是脚管底部的一个三角形支架，可以使三脚架稳定性更好，分为中置式和底置式。脚钉可以增加三脚架与底面的摩擦，防止滑动影响拍摄。在材质方面，橡胶脚钉使用得比较普遍。三脚架结构并不固定，不同厂家或不同型号的三脚架结构有所不同。①

① 谭曲. 摄像机云台、三脚架的使用与维护[J]. 中国教育技术装备，2009（1）：110–111.

（2）三脚架的分类

三脚架可根据用途分为专业三脚架和普通三脚架。专业三脚架应用于专业场合，常配置于专业级、广播级摄像机，在演播室和外景拍摄中使用。用于演播室的专业三脚架一般不需移动，因此体积较大、自重较重；用于外景拍摄的三脚架有移动拍摄需要，相比演播室三脚架更为轻便。

三脚架材质多种多样，常用的为碳纤维材质和铝合金材质。其中，碳纤维材质相比之下重量小、韧性好，因此方便携带，适用于外景拍摄，但价格较高；铝合金材质重量较大，不利于携带，但坚固耐用，价格相对较低，因此适用于移动拍摄较少的演播室和工作室拍摄。

（3）三脚架的使用

在平面使用三脚架时，主要通过调节脚柱来调整三脚架的高度和稳定性。摆放时，三支脚柱应有一支与摄像机镜头一致，正对拍摄方向，另外两支脚柱方向分列摄像师左右，然后通过伸缩三支脚柱并锁定脚管锁来调节三脚架的高度。由于每支脚柱由脚管采用管套的形式组成，因此越靠下的脚管直径越小，稳定性越差。

2. 云台

云台位于三脚架和摄像机之间，通过云台我们可以调整摄像机在三脚架上的角度，操纵云台手柄可进行俯仰拍摄和摇动拍摄。云台内设有弹簧稳定系统，可以在一定程度上增强摄像机的稳定性，防止过度前倾和后移。

在使用云台时，摄像师应在拍摄前松开锁定系统，全角度调试云台，通过感知云台摩擦程度的大小来确定自身的用力情况，以免用力不当损伤云台或影响拍摄。摄像师离开摄像机时应锁定云台，防止云台因摄像机自重向下滑动，造成三脚架不稳定和摄像机坠地损坏。

（二）移动车与滑轨

移动车与滑轨用于运动拍摄，摄像机可以沿轨道架设方向移动。专业移动车有轨道式、轮胎式和升降式三种，轨道分为直线式和曲线式。由于摄像器材重量普遍较大，移动车需要足够的承重和抗变形能力，通常要求移动车可以承受三人以上的负荷。可升降式移动车是其中功能最强，也是拍摄中最常使用的一种，它不仅可以改变机位方向，还可以根据拍摄需要改变拍摄角度。[①]

使用移动车与滑轨进行拍摄之前，导演、摄像师与摄像助理一定要进行详细的沟通，以便于摄像师掌握运动的位置和节奏。轨道运行速度既要均匀，还要与节目内容相吻合。移动车的突然启动、停止会导致画面出现抖动，因此要尽量避免移动速度的急剧变化。为了控制轨道车的行驶距离，我们可以在预先走位的时候在轨道节点上贴标记作为辅助位置参考。

（三）摇臂

摇臂作为摄像辅助设备之一，主要应用于“摇移”拍摄，捕捉其他摄像方式无法完成的镜头，增强影像画面的动感和新鲜感。摇臂摄像广泛应用于电视节目制作，成为电视节目演播厅和拍摄现场的“常驻”设备。

按体积和重量分类，电视摄像摇臂主要分为重型摇臂、中型摇臂、轻型摇臂三种。重型摇臂臂长大于等于18米，体积大、重量大，一般架设广播级摄像机，多用于室内室外的大空间拍摄场地；中型摇臂臂长9米左右，一般架设专业摄像机，多应用于演播厅室内拍摄；轻型摇臂臂长不超过6米，一般架设小型摄像机，适合应用于小空间。

摇臂结构以重型摇臂最为复杂，可分为控制单元（控制箱、控制手柄、监视器和配重）、吊臂单元（吊臂、电控云台）、主杆、线缆和脚架车等。在控制单元中，控制箱配有操作手柄，可用手柄控制摄像机各项参数，如焦距、光圈、角度、开始和停止等。监视器两台一组，一台监视本摇臂摄像机的拍摄画面，一台监视导播切出的画面。配重可增加或减少砝码，利用杠杆原理平衡整个摇臂，增加摄像机空中运作的稳定性。在吊臂单元中，吊臂可提高摄像机的稳固程度，电控云台则用于控制摄像机的摇摆和俯仰运动。主杆是摇臂的主要组成部分，由几段具有透风孔的臂杆组成。线缆共分为两种，稳固缆主要用来保持电动云

---

① 李念芦. 影视技术概论[M]. 北京：中国电影出版社，2006：148-149.

台的水平状态，保证摇臂臂身的平直和摄像机的稳定；传输缆主要用于传输电力、控制信号和视频信号。脚架车位于摇臂最下方，与三脚架原理一致，利用三角形稳定性来保证摇臂的承重。其底座有自锁脚轮，可以滑动移动和固定摇臂位置。①

（四）斯坦尼康

斯坦尼康（Steadicam），即摄像机稳定器，20世纪70年代开始在摄像行业应用，20世纪90年代开始在中国广泛使用。这种设备使摄像人员能够平稳地移动摄像机，行进于一连串场景或地点，而不产生晃动或摇摆。

斯坦尼康的使用使摄像人员在不搭设轨道的情况下也可进行拍摄，其在保证画面流畅的同时，使影视制作更便利。不过，斯坦尼康并不能替代轨道与摇臂，使用它所拍摄的画面感觉也同轨道与摇臂截然不同。斯坦尼康为拍摄带来一种全新的运动模式和视角。斯坦尼康作为重要辅助设备，广泛应用于影视剧、纪录片和体育节目的拍摄中。

1. 斯坦尼康的组成

斯坦尼康由三部分组成：一只具有关节的等弹性弹簧合金减震臂，一个专门设计的、用于支持摄像机的平衡组件，一件辅助背心。在不同的拍摄场景中，我们可依据实际需求对斯坦尼康的配件进行调整。根据组成器件的不同，斯坦尼康主要分为以下五类：

表4-2　斯坦尼康的分类

斯坦尼康的分类	组成元件
大型斯坦尼康	承重背心、减震力臂、稳定平衡杆
陀螺仪斯坦尼康	承重背心、减震力臂、稳定平衡杆、陀螺仪滚筒
低拍版斯坦尼康	承重背心、减震力臂、稳定平衡杆、低拍C型架、角度调解器
监视器斯坦尼康	承重背心、减震力臂、稳定平衡杆、监视器、电池、角度调解器
手持版斯坦尼康	稳定平衡杆

① 谭曲. 电视摄像摇臂的使用[J]. 中国教育技术装备，2009（4）：80–81.

2. 斯坦尼康的原理

斯坦尼康减震臂是由一个旋转挂钩连接的两部分。每部分都是一个由两根金属杆组成的平行四边形，金属杆两头分别扣有两个金属终结器。减震臂在平面上移动时，金属杆将互相保持平行；减震臂上下摆动时，金属杆仍保持不动，保证斯坦尼康整体稳定的运动轨迹。

斯坦尼康作为一组平衡组件，其原理是通过提高系统的惯性力矩，维持摄像机平衡，即通过增加旋转轴与整个摄像机组件之间的距离，增大惯性力矩，由此提高摄像机组件的抗震性与稳定性。

（五）航拍飞行器

航拍指的是从空中拍摄，获得俯视视角，是一种展现被摄对象和被摄环境全貌的摄影方式。在电视节目制作中，纪录片、新闻直播节目、真人秀节目等都出现过大量的航拍画面。

1. 航拍的分类

根据摄像机载体的不同，我们可将航拍技术分为平台航拍和无人机航拍两大类。平台航拍指的是以飞行平台作为摄像师和摄像机的载体，飞到空中进行高角度拍摄。无人机航拍指的是由无人航拍机搭载摄像机飞到空中，摄像师以远程控制方式对无人机的角度、高度、速度、运动轨迹等进行操控与调整，并通过机载遥感设备，如机载数码相机、红外线扫描仪、GPS定位仪等获取机器信息和所拍摄画面，再利用计算机对所拍摄信息进行处理制作成图像或视频的摄影方式。[①]两种方式各有不同的飞行高度，分别适用于不同的拍摄环境。

平台航拍依赖直升机、热气球、滑翔伞和三角翼轻型飞机等载体，技术要求较高，使用费用较高，而且需要天气、地形、航空法规等与飞行平台适配，使用限制较多。相比之下，无人机航拍相对灵活，拍摄成本和技术要求较低，对天气、地形的适应性更高，因此拍摄范围和角度更大、更全面，成为较为热门的航拍方式。

---

① 陈小同. 浅谈航拍技术在新闻摄影中的应用［J］. 新闻研究导刊，2016（23）：286–287.

2. 航拍的应用

航拍方式以俯视角度的全景展现被摄场景全貌，使现场环境表达更加形象、直观。例如，在新闻节目中，航拍可以呈现“大场景”，展现宏大、客观的第三视角场面，增加画面感染力和视觉冲击力；在体育节目中，我们可以运用航拍，在获取比赛画面的同时，对运动员数据进行采集：如自行车比赛中，航拍可以实时获取自行车运动员的速度和位移方向等，更直观地展现比赛进程；在军事节目和自然节目中，我们可以使用航拍展现现场地形、地貌，突破人力所不能及的场景限制，获得更全面、更多样的摄影视野，并降低外景拍摄的风险。

3. 航拍的注意事项

无人机航拍是一种新型拍摄方式，我们在使用时仍有需要注意的地方。无人机故障、爆炸以及与障碍物相撞的事故发生率较高，拍摄过程中无人机一旦出现问题，我们往往需要终止航拍，拍摄进程和所摄素材整体会受到影响。①因此在使用无人机进行航拍时，需要注意规划路线，提前调试机器，尽量避免故障和事故发生。

项目实训

实训项目：摄像机的操作技术应用

实训方法：实操法

实训条件：摄像机、三脚架等

项目要求：1. 要求学生使用摄像机进行节目拍摄，分小组模拟室内人物采访、户外真人秀、文艺演出等场景，撰写拍摄计划及脚本，拍摄一段时长为5~10分钟的电视节目。

2. 掌握电视摄像的工作原则，掌握摄像机的取景系统、操作系统、存储系统等的使用方法，采用正确的步骤进行调光、变焦、聚焦、录音等操作，拍摄输出清晰、稳定的画面。

---

① 靳小丁. 浅论航拍新闻摄影的崛起［J］. 新闻窗，2017（3）：48-49.

实训步骤：1. 前期拟定拍摄计划及脚本，确定拍摄人物及场景后，选择适宜的摄像机设备与辅助设备。

2. 对摄像机进行调整和参数设定，完成光圈调整、聚焦调整、白平衡调整以及摄像机其他开关和功能的设置。

3. 在电视摄像过程中，按照拍摄脚本，完成远、全、中、近、特各种景别及不同角度、不同构图画面的拍摄。在摄像机辅助设备的支持下，完成固定镜头和推、拉、摇、移、跟等各种运动镜头的拍摄。

4. 按照教师要求的格式，存储并导出拍摄视频。

项目评价：采用“过程+成果”的考核评价方式

1. 过程考核主要从以下几个方面进行评价：（1）摄像基础能力：掌握电视摄像过程中的基本操作要领；能够完成各种摄像角度的应用以及远、全、中、近、特各种景别的应用；领会运动画面与固定画面的拍摄区别；掌握推、拉、摇、移、跟等各种运动镜头拍摄的操作要领等。（2）团队合作意识：相互配合，明确节目录制中的不同角色分工，协作完成录制工作。（3）问题意识：善于发现拍摄过程中存在的问题，并通过自主学习或在教师指导下解决问题。

2. 成果考核：根据小组上交的拍摄作品，教师侧重对学生合作完成视频录制的技术质量进行各方面技能表现的评价，解决存在的问题。

学习单元五
电视声音技术

学习目标

（一）知识目标

1. 理解声音的物理特性。
2. 理解音频基础理论和技术指标。
3. 了解电视节目声音录制的工作流程。
4. 理解传声器、调音台和录音机的工作原理。
5. 了解数字音频工作站的工作流程及主要功能。

（二）能力目标

1. 掌握声音和音频诸项技术指标的识别方法。
2. 熟悉同期声的录制流程和方法。
3. 熟悉常用型号传声器、调音台和录音机的操作方法。
4. 掌握常用数字音频工作站的基本使用方法。
5. 掌握一种或者两种数字音频编辑软件（比如Adobe Audition、Apple Logic Studio）的操作。

任务描述

任务一：根据工作环境及录音要求编制录音计划，并选用合理的录音技术设备。

任务二：完成传声器、调音台和录音机的连接与调试，进行同期录音工作。

任务三：使用数字音频工作站，选用合适的数字音频编辑软件，完成混音等声音制作流程。

一、电视声音技术基础

电视节目制作技术是一门视听技术，电视节目由画面和声音两大部分构成。声音包括人声、音乐、音响三项，人声以表意为主，音乐以表情为主，音响以表真为主，它们在节目中的效用各不相同，又有机地融为一体。声音是电视节目中基本的表现元素之一，电视声音技术主要包括提升电视声音质量、完善电视声音制作流程、提高电视声音制作技术水准等多方面的内容。

（一）理解声音

1. 声音的本质和特征

声音的本质是波在介质中的传播现象，所有的声音都是通过空气以声波形式传播的振动。声波是振动波，由物体的振动产生，从声波源向四面八方传播，使邻近的空气分子振动，来回振动导致空气分子产生疏密相间的排列变动。这些变动传送至耳膜，经由神经信号发送到人的大脑，即解释为声音。

由于分子振动产生的声波的方向与波传递的方向相同，因此声波是一种纵波。频率、振幅和相位是声波的三个基本特征。图5-1是以横轴为时间、纵轴为压力变化的声波的图示。

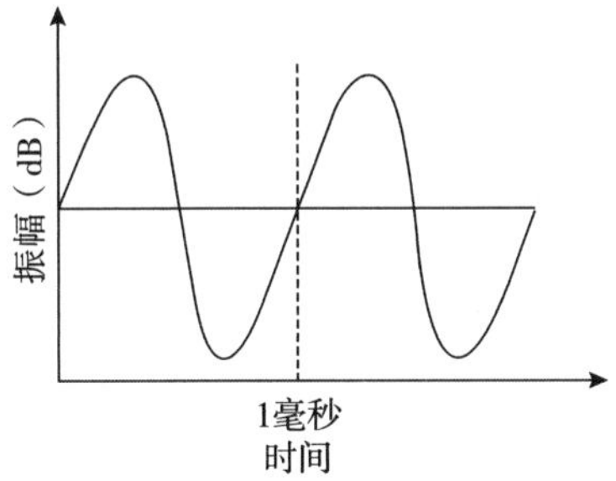

图5-1　声音的波形

（1）频率

频率是声波从正到负再到正循环的速率或每秒钟循环的次数。从波形上来讲，波形的紧密程度代表单位时间振动的频率，波形越紧密，频率越高。频率的测量单位为周期/秒或赫兹（Hz）。一般来讲，人的听力范围是从20Hz（低）到20kHz（高）。低于20Hz的声波为次声波，高于20 000Hz的声波为超声波，人耳均无法听到。

表5-1 声波的分类

次声波	人耳可听域	超声波
小于20Hz	20Hz~20 000Hz	大于20 000Hz

（2）振幅

振幅（或强度）是指声波的上下振动范围，单位为分贝，能够体现声音的强度。从波形上讲，振幅与音强呈正相关，振幅越大，音量越大。

（3）相位

相位是指两个相似声波的相对位移程度，主要通过比较声波间的时序来获得，其单位为角度，范围为0°至360°。当两个周期性声波频率相同时，若两声波同时开始，则相位为0°，称为同相声波，同相声波组合时会叠加声音，使声音更大；若相位为180°，则表示其中一个声波的波峰与另一声波的波谷相对应，两声波正好相反，称为异相声波，异相声波组合时会抵消波形，达到静音效果，这种现象称为相位抵消。

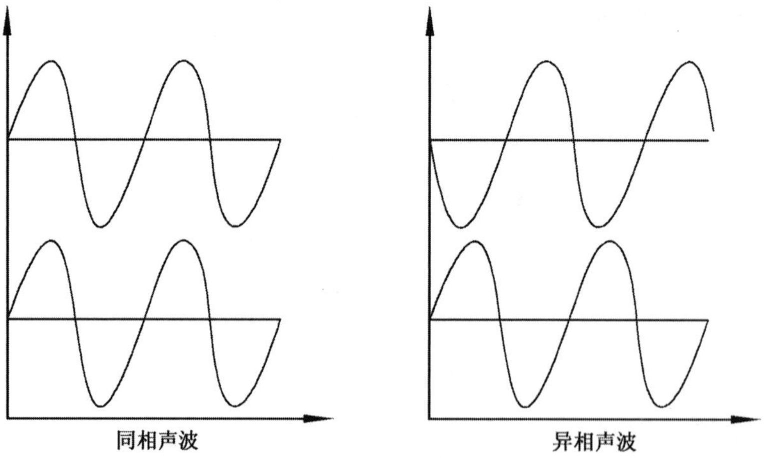

图5-2 同相声波与异相声波

在电视节目声音制作中，若将相似音频信号混合在一起，或原声波和反射的声波在具有反射性的房间内相互作用时，相位抵消就成了一个问题。例如，将立体声混音的左声道和右声道组合在一起创建单声道混音时，信号可能会发生相位抵消现象。

（4）频谱

声音是由许多同时振动的不同频率的成分组成的，并非是单频率的振动。声音是其所包含的频率唯一组合的结果。声音的频谱就是频率的分布图形，是频率谱密度的简称。它将人们对声音信号的研究从时域引到频域，从而给人们带来更直观的认识。人的声音通常在250 Hz至4000Hz之间，人耳对这一范围的声音最为敏感，这一范围被描述为中音频带。

2. 声音的三要素

根据人耳对声音主观感觉的不同，我们可以将声音分为响度、音调和音色三个主要因素，这也称为声音的三要素。

（1）响度

响度是指人耳对声音强弱的感觉程度，也可以称为声强，或者音强。人耳对不同频率的声音响度感觉不同。强度相同时，在1kHz~4kHz之间的声音听起来的感觉最响，而在此频率范围之外，音强随频率的降低或升高而减弱。响度主要反映在声波的振幅上，也可以以音量大小来表示，声音越强，音量越大。

（2）音调

音调是人耳对声音高低的感觉，又被称为音高。例如，音乐声都有一个音调，小提琴的声音较高，而中提琴的声音较低。音调的高低取决于声音的频率，频率越高，音调越高；频率越低，音调越低。对于不同的频率段，人耳对音高的辨别能力不同，在中频段最为灵敏。

（3）音色

音色是指声音的特质，人耳对人声、音响和音乐等复合声波的各个频率成分的分布有特定的综合印象。假设钢琴和小提琴的基本频率都是440Hz，但即使演奏同一乐曲而且响度也一样，人们仍然可以分辨出这是两种不同的乐器。音色主要取决于声音的频谱结构，与音调和响度也有一定的关系。

（二）理解音频

声音，无论是人声、音乐还是音响，我们要想将其记录或传输，都需要通过传声器将声源产生的声音变成相应的电信号，这个电信号即音频信号，英文名称为audio。

1. 音频信号及数字化转换

音频信号按时间和幅度取值的不同情况可以分为四种：（1）时间和幅度都连续的信号；（2）时间离散、幅度连续的信号；（3）时间连续、幅度离散的信号；（4）时间和幅度都离散的信号。通常，时间和幅度都连续的信号被称为模拟信号，模拟信号的传输与交换被称为模拟通信；时间与幅度都离散的信号被称为数字信号，数字信号的传输与交换被称为数字通信。①

声音数字化又称为模/数转换，英文为ADC（Analog-to-digital Converter），简称A/D，即通过采样、量化、编码等环节，将连续变化的声音转变为二进制脉冲序列，用一系列的数字来表现声音。②该转换具有可逆性，经过译码，可将脉冲数据序列变回声波形式。具体来讲，就是将输入的模拟信号的声音按照固定时间间隔，以一定的频率转化为数字信号，最终形成一个由有限个数字表示的离散序列。模拟信号数字化的原理是将时间和幅度上具有连续性变化的模拟声音信号转换为时间和幅度上都离散的脉冲数据，脉冲数据由二进制数字0、1表示。数字音频的存储量由对模拟声波的采样频率、采样精度以及声道数等决定。

2. 数字音频的两大指标

在数字编码过程中，由于存储空间相对有限，需要对声波的点进行采样。采样就是将模拟音频信号转换为数字音频信号的过程。采样速率与位长度是确定数字音频质量最重要的两大指标。

数字音频系统的主要质量参照指数也来自采样速率和位长度。两项的数值较高也就代表着声音的精细化程度较高。目前，业内广泛采用的采样速率的标

① 李栋. 数字声音广播[M]. 北京：北京广播学院出版社，2001：3.

② 颉宁侠. 广播节目编辑与数字音频制作技术［M］. 上海：复旦大学出版社，2008：34.

准为44. 1kHz，位长度为16bit，例如常见的CD就是采用这一标准。

（1）采样速率

采样速率是对输入信号进行采样的速度，音频的采样速率是指每秒钟测量或采样模拟声音信号的次数。采样速率越高，声音的质量也就越高。数字音频采样速率的标准一般为44. 1kHz和48kHz，选择使用哪种采样速率取决于使用的源素材、音频接口的能力以及音频的最终目标。

表5-2　不同音频采样速率的适用情况

音频采样速率	通常的适用情况
8kHz	电话采用的采样速率
22kHz	无线电广播采用的采样速率
44. 1kHz	CD，MPEG-1音频（VCD、MP3等）采用的采样速率
48kHz	DV、DVD、DVCAM、DVCPRO和数字Betacam采用的采样速率
96 kHz	专业的录音制作的采样速率，例如BD-ROM（蓝光盘）音轨
192kHz	高级别专业音乐录制的高分辨率的采样速率

（2）位长度

位长度，也可以叫作量化比特数。模数（A/D）转换器测量每个样本并将其存储为表示特定时刻的音频幅度的数值。将每个样本的振幅转换为8、16、24、32等二进制数的过程称为量化，用于量化的位数称为位长度。数字音频样本使用二进制数字（位）来表示每个音频样本的强度，每个样本的准确性是由其位长度决定的。一般数字音频系统使用的最小位长度为每个样本16位，专业音频录制设备通常支持24位音频。

3. 音频指示器与分贝单位

音频指示器显示音频信号的音量。由于人的听力范围相当大，所以音频指示器和声音测量仪器等使用对数刻度——分贝，标示声音响度测量单位。

分贝是一个测量声压或者电压大小的对数单位，用于描述两个强度的比率，比如两个不同的声压、不同的电压，等等。因此，音频指示器上的每个单位表示的声压呈指数级增加，感知的响度呈线性增长。在电视节目制作过程中，我们可以使用音频指示器使音量达到要求、确定有足够的峰值净空和动态范围。dBm、dBu、dBV、dBFS是几种不同的测量系统标准。其中，dBV常用于消费类设备；dBu 常用于专业设备；dBFS常用于数字音频指示器。音频指示器可以分为平均音频指示器和峰值音频指示器、模拟音频指示器与数字音频指示器等。

在模拟音频指示器中，0dB是设备最佳的录制或输出音量。如果电压过高，它可能会失真；如果电压过低，它可能会被淹没在设备固有的噪音中。

数字音频指示器显示数字音频信号的采样值，指示器上的范围称为数字全音频范围或者dBFS。在此范围中，0dBFS表示最高的采样值，任何高于0dBFS的采样都将被限幅，造成音频波形的原始形状失真。

在查看数字音频指示器时，我们需要考虑信号音量如何对应于模拟音频指示器，因为即使音频是完全数字化的，也有可能在某个时刻存在于模拟环境中。比如在Final Cut Pro编辑软件中，音频的全数字工作流也要经过模拟信号的传声器和扬声器处理。因此，我们需要在数字音频指示器上选取一个对应于模拟音频指示器0dB的一个点。有多种常用的数字音量与模拟音频指示器上的0dB对应：

（1）-12dBFS：此音量经常用于16位音频（例如DV音频），以及具有压缩动态范围的项目，例如电视机或收音机。

（2）-18dBFS或-20dBFS：更常用于具有较高动态范围的项目，例如使用20或24位音频的专业后期制作工作流程。

4. 音频中的相关技术指标

（1）信噪比

信噪比，又称为讯噪比（S/N），是录制声音音量与设备噪音的差值，一般测量单位为分贝（dB）。噪音是指设备系统产生的一定量的低电平电信号活动，噪音基准是系统内固有的噪音电平。

（2）动态范围

动态范围是混音中最小声音和最大声音之间的差值，一般可以通过查看音频片段的波形来考察该片段的动态范围。在混音的过程中，如果动态声音的音量变化强烈，可以采取将信号的最大部分减少或压缩到更接近小声部分的方式来缩减声音的动态范围。

（3）峰值净空与失真

录制声音的基本目标是干净、清晰和不失真。若音频信号太强，则会导致信号的失真。音频指示器上的理想录制音量到信号失真之间有一个安全范围，这个安全范围被称为峰值净空。

5. 音频接口系统

在广播电视节目采编中，会接触到各式各样的音频类接口。音频接口是在传输音频信号时使用的接口，主要包括接口和连接器（也叫接头，或者插头）两个部分。音频接口依据音频信号的类型、频率、强度的不同而有所区别。一般来讲，音频接口可以分为模拟音频接口和数字音频接口两大类。

（1）TRS接口

TRS接口是一种常见的音频接口。TRS的含义是Tip（signal）、Ring（signal）、Sleeve（ground），分别代表了该接口的3个接触点。常见的TRS接头为圆柱体形状，接口触点间间隔有绝缘材料。为了满足不同的设备需求，其主要有1/4英寸（6. 3 mm）、1/8英寸（3. 5mm）、3/32英寸（2. 5mm）三种尺寸。

具体来讲，1/4英寸（6. 3 mm）接头又称“大三芯”，因需要增大接触面积、提高耐用程度而设计，在三种接头中直径最大。“大三芯”具有平衡输入输出、高信噪比、抗干扰能力强等特点，常用于专业音频设备上，如电视节目的监听耳机多采用此尺寸接头来监听节目质量；1/8英寸（3. 5mm）接头又称“小三芯”，常用于PC产品和家用设备；3/32英寸（2. 5mm）接头直径最小，常见于手机等产品。

（2）RCA接口

RCA接口的接头又称莲花头，目前最普遍的音频模拟信号传输方式即为RCA线缆传输。RCA接口由1940年代美国无线电公司发明并投入使用，RCA为该公司英文名称Radio Corporation of America的缩写。

RCA线缆传输为单线传输模式，即一根线缆只能传输一个声道的音频信号，因此立体声音频信号需要使用两根线缆来传输。一般立体声RCA接头用红色标注右声道，用蓝色或白色标注左声道。对于多声道系统，线缆数量则要与实际声道数量相同以保证传输的完整。

（3）XLR接口

XLR接口的接头，俗称卡侬头（Cannon Plug or Cannon Connector），目前三脚的卡侬头应用范围较广，即XLR3。XLR接头装有锁定装置，因此连接稳定、牢固，常用于麦克风、广播级摄像机和录音机等设备。另外，XLR接头可以两用，其既可以做模拟音频信号接头，也可以做数字音频信号接头。

（4）同轴数字接口

同轴电缆的两个导体同心，共用导体和屏蔽层，因此同轴电缆阻抗恒定，其传输频带可宽达几百兆赫，在高带宽的基础上保证了音频质量。同轴数字传输标准接头是75Ω阻抗的BNC头，配合同为75Ω阻抗的同轴电缆，两者阻抗恒定，可以保证信号传输正确。①一般情况下，同轴线材多采用RCA接头。

（5）光纤接口

通常在器材上标有“Optical”或“OPT”的接口均为光纤接口。光纤接口有两种类型，一种是标准方头，另一种是在便携设备上常见的圆头接口。从单纯的技术角度来说，它是以光脉冲的形式来传输数字信号的，因而电缆传输速度最快，是极好的数据传输接线。光纤接口还支持5.1声道传输，音质更佳。

数字接口传输抗干扰能力较强，其编码方式具有修正误码的功能，因此数字音频信号可靠性高于模拟音频信号。现应用领域数字音频信号常用标准如下：

AES/EBU是一种高级专业音频信号格式，由美国和欧洲的录音师协会制定。目前应用于一些专业高级器材，如顶级采样器、专业DAT、专业音频工作站、大型数字调音台等，常见的使用该格式的物理接口为XLR3接头。

S/PDIF是一种主要用于民用和普通专业领域的音频数据格式，由索尼和飞利浦公司制定。该格式普遍应用于目前的DAT、CD机和计算机声卡音频数字输入口，插口硬件多为光缆口或同轴口。S/PDIF和AES/EBU格式虽结构略有不同，但在传输时音频信息在数据流中占有的位置是相同的，因此两格式原

① 王继来. 常用音频接口介绍[J]. 卫星电视与宽带多媒体，2012（6）：56-61.

理上兼容。[1]

ADAT是一种广泛应用于数字音频设备上的数字音频信号格式，由美国Alesis公司开发，又称Alesis多信道光学数字接口。该格式仅使用一条光缆，连接方便，稳定可靠，且可传输八个声道的数字音频信号，事实上已成为一种多声道数字音频信号格式。

TDIF是一种多声道数字音频格式，由日本Tascam公司开发。该格式要求使用计算机串行线式的25针线缆，可传输八个声道的数字信号。目前，该格式已较少使用。

R-BUS是Roland公司新推出的一种八声道数字音频格式，也被称为RMDBII。它的插口和线缆都与TASCAM公司的TDIF相同，均传送八声道的数字音频信号。除数字音频信号外，R-BUS还可同时传送运行控制和同步信号。

6. 音频传输方式

音频信号有两种传输方式，即平衡传输与非平衡传输。信号的平衡传输是指在模拟信号传输过程中，将信号反相，同时传送反相的信号和原始信号。信号的非平衡传输则是指信号未经反相，被直接传送。

在声音制作过程中，调音台、录音机、音频处理设备等器材都有平衡传输和不平衡传输的输入/输出接口。采用不同的信号传输方式，需要注意选择相匹配的音频接口。

平衡传输利用相位抵消的原理，可大幅减少音频信号传输过程中所受的其他干扰。平衡传输需要使用并列的三根导线，即接地、热端、冷端，因此对应的输入/输出接口必须有三个脚位。平衡传输目前应用广泛，常见接口为卡侬和“大三芯”。

非平衡传输有子信号端、接地端两个端口，因此可用于要求不高的近距离传输场合，如家庭音响系统、电子乐器、电吉他等。非平衡传输常见接口为“大二芯”和莲花型接口。

---

① 王继来. 常用音频接口介绍[J]. 卫星电视与宽带多媒体, 2012(6): 56-61.

二、声音录制的流程与目标

电视声音制作始终贯穿于整个电视节目的制作过程之中，声音从产生到录制、剪辑、还音，经历了不同的形态。依据工作时序，电视声音的制作流程一般可分为前期筹备、声音录制、后期制作三个部分。

图5-3　声音的基本制作流程

（一）前期筹备

筹备阶段的工作指节目拍摄以前需做的全部工作，一般来讲，前期筹备阶段应做好以下工作。

1. 制定录音方案

在筹备阶段，创作人员应根据节目内容和艺术要求对声音做出总体设计，确定节目的录音方案。一般来讲，录音方案应包括两部分：一是声音艺术设计，二是声音的技术把握。

声音艺术设计的主要过程是根据电视节目的内容、风格、样式等，调整节目的语言、音乐、音响，以达到音画匹配的效果；声音的技术把握则是根据声音的表达需要，结合声场环境、资金等情况，确定录制工艺和录制设备。

2. 选择录音设备

确定录音方案的下一步是准备录音设备。录音师所需的设备一般包括传声器、调音台、录音机、电缆、监听耳机、设备辅件、用于调整录音环境的声学材料等。录音师列出录音所需设备清单后，可做出录音预算。

3. 组建录音工作组

根据电视节目的规模和样式，配备相应的录音人员，组成录音组。一般的录音小组需要录音师、话筒员、布线员和整备员等三至四个录音人员。

录音师作为录音小组的总体负责人，要把握节目的声音艺术质量和技术质量，并出具详细的录音计划。录音师在前期拍摄阶段的主要工作是指导小组其他成员选择传声器类别、传声器质量，规划传声器移动路线，掌握录音电平，解决拍摄阶段的录音问题，判定录音质量等。录音师在后期制作阶段，需要参与包括补录工作、混音工作和声音剪辑工作在内的全部录音工作，以保证节目声音的整体性。

话筒员一般由录音师挑选的录音助理担任，负责操作各种传声器及其附属器材，在录音的过程中保证传声器始终处于正确的位置，确保拾取到清晰、逼真的声音。

布线员作为录音助理之一，主要负责布置传声器线以及协助话筒员工作。在传声器的工作过程中，话筒员需要时刻注意其情况，通过收绕或放出传声器线等方法，保证话筒有足够长的传声器线到达指定位置，并及时梳理传声器线，以免干扰录音工作或是绊倒现场人员。布线员与话筒员工作联系紧密，在录音小组规模较小的情况下，布线员常由话筒员兼任，两项工作由一人承担；在设置多传声器录音的情况下，布线员也会兼任话筒员，主要负责一个传声器的录音工作。

整备员一般携带着必备的录音修理设备，出现在规模大、录音设备复杂的摄制组中，以维护各种录音设备。整备员需要具有迅速找出录音设备故障、准确解决故障问题的能力。

（二）声音录制

声音录制阶段包含节目拍摄前及拍摄过程中的录音工作。电视节目前期录音人员需要熟悉同期录音设备的原理及性能，熟练掌握其操作方式，利用声音拾取技巧，保证前期录音质量，以降低后期制作难度并获得良好的声音效果。前期录音主要工作流程如下：

1. 安装与测试录音设备

录音小组到达拍摄现场后，连接现场各种设备，合理布置传声器。小组人员需尽早动手检查设备，确保设备都处于良好的工作状态，保证在开拍前有足够的时间对不能正常工作的设备进行修理或更换。

2. 声场的利用与处理

录音小组处理拍摄现场声场，就是要保证良好的声学环境。影响室外拍摄录音质量的因素主要是噪声，录音小组需减轻噪声干扰；影响室内拍摄录音质量的因素主要是混响，录音小组需要解决混响过度的问题，有时也要减轻现场的噪声以减少其对录音的干扰。

有效解决噪声干扰的方法是合理抑制噪声源。此外，录音小组还可以通过设置传声器对部分噪音进行消除。对于混响问题，录音小组要合理地选用适宜的吸声材料，视拍摄具体情况决定如何铺设。

3. 调音、录音

在节目拍摄过程中，录音师主要负责操作调音台和录音机，完成对声音信号的拾取、调整和记录工作，控制每一路传声器的音量及各路传声器之间的音量比例，并及时调整音色。

（三）后期制作

对录音人员来说，录音工作并不限于声音的拾取，后期制作也是录音工作的重要组成部分。后期制作包括拍摄停机后完成该片所必需的一切声音录制、编辑工作，比如要对前期录音不甚理想的部分进行补录，要对各种声音进行编辑，需要混录合成等，其工作量因节目类型和导演要求的不同而不同。

1. 转录

转录是由磁带录音机进行声音录制所需要的工作。转录是指将6. 25毫米同期声带或DAT（统称为窄磁）上的声音信号转录至35毫米磁片（宽磁）上。在转录时要特别注意转录质量，转录质量的优劣直接关系到节目最终的声音质量。电视节目以及电影采用数字化制作，已无需经过转录这一程序。

2. 后期补录

后期补录即后期配音，指除了同期声带上已收录的声音外，再补充录制一些语言、音响或音乐。后期补录主要应用于前期录音不理想或是缺失的情况，其中语言补录方面一般应用于录制解说词、旁白或是节目对白，录音师会根据实际情况来把握节目人员补录声音时的语音、语调和情感，并通过后期调整来达到节目音画同步和声音情感完整统一的效果；效果音补录方面则是根据节目需要，对节目中所要出现的各种声音进行补充、加工、修饰与调整，形成一条完整的、与节目画面相结合的音轨。

3. 混录

混录主要在和放音环境条件相似的混音室进行，其主要过程是录音师在调音台和专业软件等技术装置与手段的帮助下，不断调整各条音轨的起止点、衔接点、音量大小和整体起伏程度等，来达到声音的平衡，并最终将各条音轨混合录制到单轨或者多轨声道上。混合录音是音画合成和声音创作的重要部分。

（四）5. 1声道立体声的录制和制作

声道数指的是一次采样得到的声音波形的数量。顾名思义，单声道一次采集一个声音波形，双声道则一次采集两个声音波形来达到左右声道不同的双声道效果。从录制技术角度来看，声音的录制可分为单声道与立体声两类，以上所讲的声音制作流程对单声道和立体声录制都适用。单声道与立体声在制作技术上有所差异，本小节主要讨论5. 1声道环绕立体声录制特有的工艺要求和制作方法。

1. 5. 1声道环绕立体声的概述

5. 1声道是指用5个喇叭和1个超低音扬声器来播放声音的一种播放方式。5. 1代表着前左置、中置、前右置、后左置、后右置5个全频带声道，再加一个超低音效果声道。

在制作室前方同一平面上设置前左置、中置、前右置扬声器，在控制室后方设置后左置、后右置扬声器，每只扬声器都以相等的距离朝向圆心，构成全景重放声场。当听音者在圆心附近听音时，能感受到来自四面八方的全景声音效果，这就是环绕声的基本原理（如图5-4所示）。[①]

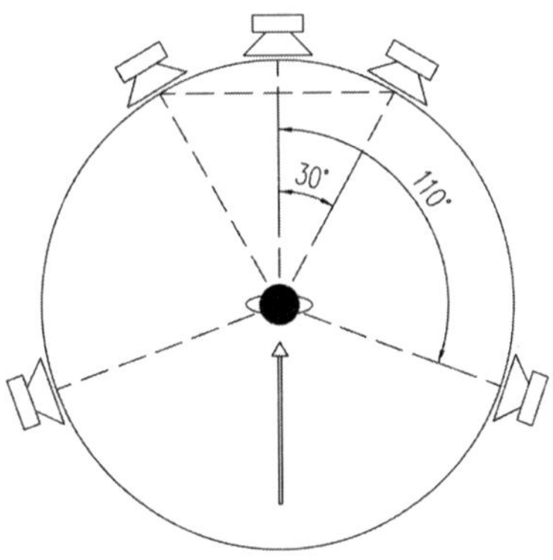

图5-4　5.1声道环绕立体声原理

5. 1声道环绕立体声根据数字编解码格式标准来分，有美国杜比（DOLBY）研究室开发的AC-3、世界标准化组织（ISO）属下的运

① 彭科. 5. 1声道环绕声与高清电视音频制作［J］. 中国传媒科技，2012（16）：78-79.

动图像专家小组（MPEG）制定的MPEG-2标准和美国数码影院系统公司（Digital Theater System）研发的数字家庭影院系统DTS等。

5. 1声道环绕立体声常用于高清电视、体育赛事、文艺晚会中。高清电视音频其实就采用了数字环绕声。高清数字电视与模拟电视的区别在于，高清数字电视不仅能提升电视节目的画面质量，而且能够实现5. 1数字环绕声音频的播出。

2. 5. 1声道环绕立体声的制作

5. 1声道节目的制作对于硬件要求较高，其中杜比技术所认可的声音控制室更是必不可少。一般而言，充足的听音空间、较好的收声功效以及完整的录、混音设备是声音控制室的必备部分。而除此之外，杜比技术所认可的声音控制室还必须拥有音频工作站来采集、编辑声音，具备优良的听音环境来配合5. 1声道系统的操作。其次，5. 1声道节目的制作需要可以支持5. 1声道录制与编辑的设备，如话筒、监听音箱、数字调音台等，这些设备的专业程度与节目声音的品质有着密不可分的关系。

环绕声拾音技术主要分为两种。一种是使用多只话筒按左、中、右方向排列拾取该方向的主要声源信息，再用两只或更多的话筒排列在其他方向拾取后方和空间的声源信息，这类拾音方式主要是精准地完成对前方声源的定位；另一种则是以双声道立体声主话筒拾音技术为基础，将多只（两只及以上的）话筒按照较近的距离设置到一起，甚至可以达到声源的重叠，并将拾音得到的声源信息简单处理为5个通道信号，这类拾音方式是通过一组话筒信号，争取到对一个平面内360° 声音的全方位定位与覆盖。[①]这两种拾音方法也可以同时或者与其他拾音方法混合使用。

通过杜比E音频编码技术来完成5. 1环绕立体声节目制作，需要有6至8个音轨，顺序为左、右、中、超低、左环绕、右环绕，另外两个声道为一对立体声信号。由于承载6至8个音轨的音频信号需要较高的数码率，若电视台现有的传输方式不能够实现，就需要降低数码率，也就是将多个音轨的音频信号编码成两

① 彭科. 5. 1声道环绕声与高清电视音频制作［J］. 中国传媒科技，2012（16）：78-79.

轨的数据信号进行传输，从而达到与现有设备兼容互连的适用级别。

杜比E是新一代的音频传输编码技术，能够实现多声道音频节目的分配和传输，具备无缝剪辑、多代编解码、多节目携载、与视频同步以及元数据的携载等功能。使用该技术后，5. 1音频可以在普及的AES/EBU音频信号路径中传输，这有效地克服了高质量多声道音频传递分配过程中的困难。

（五）声音制作的要求

声音质量的优劣是从声音制作的技术维度与艺术维度两方面来衡量的。高质量的节目声音在电视节目创作中有着积极的作用。电视节目创作者应当明确声音制作的相关技术及艺术要求，以便在具体的工作实践中更好地把握声音创作。

1. 声音制作的技术要求

第一，要确保清晰度与可懂度。声音语言的清晰度与可懂度，是指语言传输过程受到各种处理和各种因素的影响后，能够被听清和听懂的程度。电视节目的声音要清晰、准确，确保观众能听清、听懂、无障碍地理解节目内容。这是声音制作的基本要求。

第二，要控制声音的动态范围。声源信号在经过拾音、调音、录音以及放音等各个环节时，其动态范围会受到各种条件的制约，包括噪声水平的高低和电声设备的失真等。在实际录音工作中，要压缩节目声音的动态范围，使节目信号的最高电平信号不出现失真，最低电平信号不被噪声掩盖。

第三，要保证音色的还原。音色是一种人对声音的主观感受，是声音的客观属性在主观听觉中的反应。多数情况下，录制的声音应该保持其原有的音色，确保观众所听到的声音与声源体的原声一致。声音信号在录放系统的传输过程中，不应产生严重的波形变化。

2. 声音制作的艺术要求

第一，声音要具有空间感。声音在不同空间具有不同的特性，如室内与室外、大空间和小空间等，人耳对声源所处的空间特性有所感觉。在电视节目中，声音的空间感应该与节目画面相一致，并符合其具体空间的声音特性，以达到在声音上给人亲切感、真实感的目的。

第二，声音要具有透视感。声音的透视感即声音的距离感，声音传播过程中，受到距离影响，直达声和反射声的比例是不同的，声音音量也会受到影响，在此基础上给人带来声音来自不同距离的感受。因此在电视节目的制作中，应将声音的透视感与节目画面的不同景别相结合，景别越远，声音距离感越远，在此基础上给观众带来更真实的声音感受。

第三，声音要具有环境感。环境感指电视节目中人物所处的声音环境，它需要环境音响来营造。现代影视声音的特点之一是充分运用环境音响，创造画内与画外浑然一体的声音环境。声音的环境感应该与画面表现的环境相一致，这样才能达到真实可信的艺术效果。

三、传声器的技术基础与应用

传声器又叫话筒、麦克风，是一种声电换能器件，可将拾取的声信号转换成音频电信号。传声器一般使用碳粒、晶体、电容、动圈和铝带作为换能器件。作为整个声音系统的第一级入口，传声器性能的优劣，直接影响系统的拾音与重放效果。因此，传声器的正确选择与使用是使整个声音系统处于良好工作状态的关键。

（一）传声器的分类及原理

1. 按内部结构分类

按内部结构原理区分，传声器可分为动圈话筒与电容话筒。

动圈话筒的主要结构为振动膜片、音圈、永久磁铁和升压变压器，其原理如下：声音作用于话筒中的振动膜片，膜片引导磁场中的音圈一起振动，音圈变为动圈。由于动圈的震动与声波的振动频率相同，动圈中因此产生了与声波相应的音频信号，由此完成声电转换。动圈话筒广泛应用于广播和扩声系统，其结构简单、稳定，使用方便且固有噪声小，但也因动圈本身的质量，有着可转化频率范围小、灵敏度低的缺点。

电容话筒主要结构为振动膜片和负载电阻。声音作用于振动膜片后，膜片影响负载电阻，电阻变化导致电容量变化，由此来完成声电转换。电容话筒相比于动圈话筒，可转换频率范围大、灵敏度高，但是其结构复杂、成本高，可使用范围小，多用于高质量广播、录音和扩音中，是电视节目高质量录音或音乐类节目常用的声电转化设备。

2. 按指向性分类

话筒的指向性即方向性，不同角度声源作用于话筒中的振动膜片时，由于振膜受到的升压大小不同，导致话筒输出电压不同。一般来说，话筒指向性越强，拾音夹角越窄。按话筒的指向性，可分为无指向性话筒、双指向性话筒、心形指向性话筒、锐心形指向性话筒等。

表5-3　不同指向性话筒之比较

名称	无指向性	心形	超心形	双指向性	强指向性
指向性图形	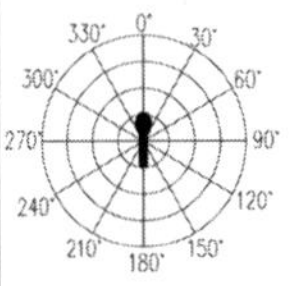	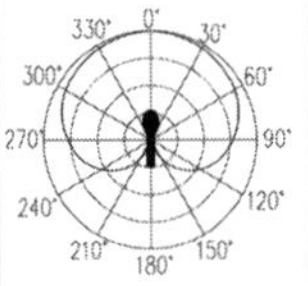	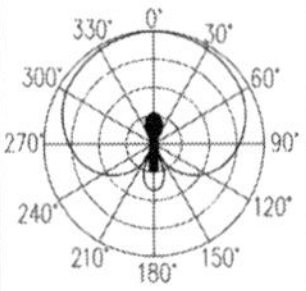	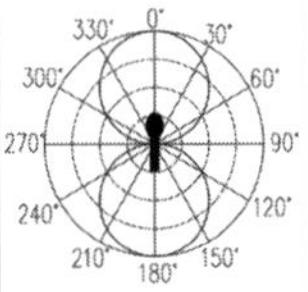	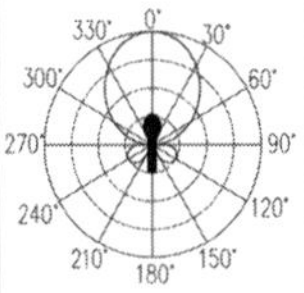
正向／背向灵敏度	1	1/7	1/7	1	1/31
拾音角度范围	全方向360°	正面180°	正面 70° ~80°	正、背面60°	正面 30° ~40°

(1)无指向性话筒

无指向性话筒也叫全指向性话筒，可以达到以话筒为中心的球形范围的全方位拾音，且全方位拾音效果在相同距离下是均衡的，不受方向影响。它在各个方向上的灵敏度是一样的，适用于大面积拾取声音。

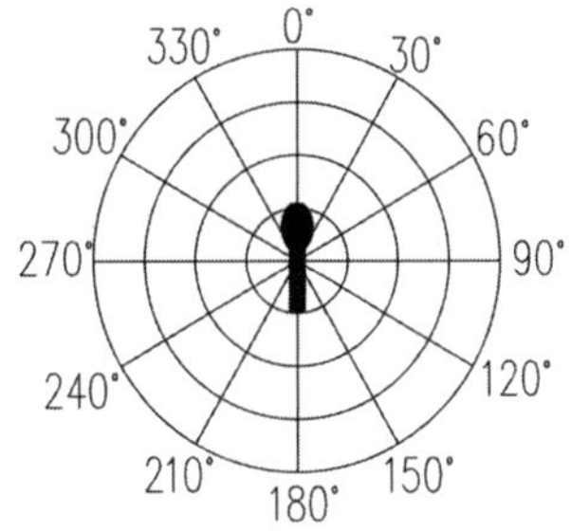

图5-5　无指向性话筒原理

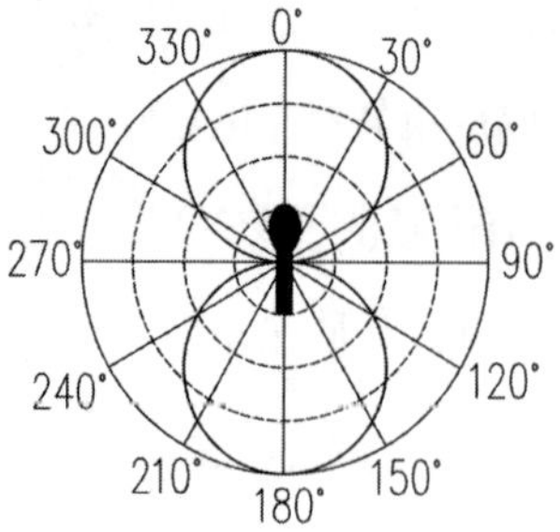

图5-6　双指向性话筒原理

（2）双指向性话筒

双指向性话筒又称8字形话筒，其主要拾音范围是话筒正前方0° 和正后方180° ，在正前后方两个范围灵敏度最高，在右侧90° 和左侧270° 灵敏度低至零（该话筒正前后方响应相反）。常用来拾取两组声源，如用于双方两组面对面讨论对话的场景等。

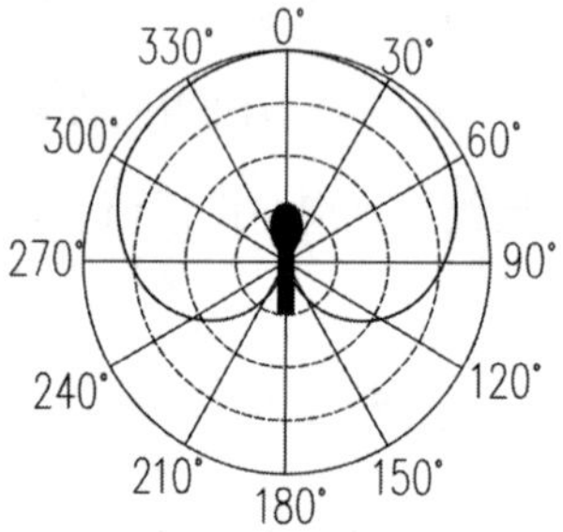

图5-7　心性指向性话筒原理

（3）心形指向性话筒

心形指向性话筒又称单一指向性话筒，其正面一定角度范围内拾音灵敏度最高，背面几乎不能拾音，这类话筒可以使正前方声源得到最大限度的收集，并抑制其他方向的干扰声。

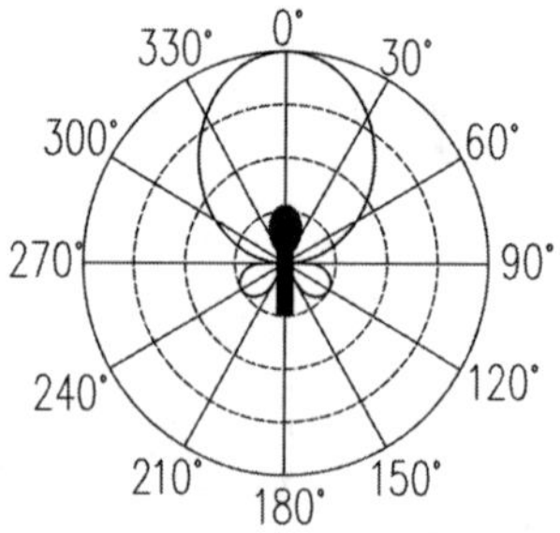

图5-8　锐心形指向性话筒原理

（4）锐心形指向性话筒

锐心形指向性话筒又称超指向性话筒，相比于心形指向性话筒，其拾音的正面范围角度更窄，指向性更强，并增加了正前方拾音距离。锐心形指向性话筒只拾取很小范围内的声音，从而抑制了许多不需要的噪声。话筒前面的灵敏度和心形话筒相似，能拾取恰当的混音回响，常用于录音室中的乐器演奏配音。

3. 无线话筒

相对于有线话筒而言，无线话筒由一台微型发射机组、一台接收机及微型超心形话筒构成。声音信号通过超高频载波发送，再由接收机接收，经过解调还原成原来的声音信号。无线话筒采用调频方式调制信号，其发射频率的范围，按国家规定在100MHz~120MHz之间，每隔2MHz为一个频道，避免互相干扰。

（1）无线话筒的分类

● 单接收无线话筒和双接收无线话筒

从信号接收方面来分，无线话筒有单接收和双接收两种，双接收的效果好于单接收。一台接收机里有两套接收电路的情况称为双接收，两套接收电路意味着两套天线，同时接收发射机发送来的信号。两套接收电路通过两者之间的电压比较器和高速电子切换开关来达到选择目的，通过自动比较和判断两路接收信号的强弱，自动切断弱信号接收电路的天线放大器，放大强信号接收电路的无限放大器，输出切换到下一级，来保证无线话筒到达调音台的信号始终较强。①

● VHF段无线话筒和UHF段无线话筒

按无线话筒的工作频率高低，可划分为两大频段，一种是工作频率范围在160~250MHz的VHF段无线话筒；另一种是工作频率范围在450~960MHz的UHF段无线话筒。UHF段的无线话筒与VHF段的无线话筒比较起来，有着非常多的优势，最主要的就是抗干扰能力强。

电视节目制作选用的是UHF段无线话筒，这类话筒不但接收距离远，能有效消除短暂的哑音和信号不稳定等弊病，而且频道较宽，可以选用间隔较大的频道，实现同时使用多个无线话筒而互不干扰。

● 手持式无线话筒和领夹式无线话筒

按外观分类，无线话筒可分为手持式无线话筒和领夹式无线话筒。手持式无线话筒分为尾部外露天线式无线话筒和防风罩天线式无线话筒。其中，尾部外露天线式无线话筒的天线容易受损，导致信号不稳定，所以，目前，防风罩天线式无线话筒使用得较多。

（2）无线话筒的特点

无线话筒体积小、使用方便，发射机与接收机间无线连接，摆脱了话筒线的束缚。同时，无线话筒常常佩戴在节目人员身上，其拾取的声音极具临场感、真实感，而且混响较少。但无线话筒容易受外界无线电信号的干扰，稳定性差。

---

① 刘林英. 认识和使用无线话筒[J]. 音响技术，2001（04）：30-31.

无线话筒常用于新闻采访、暗访，运动类场景的录制，根据一般铁三角无线系统使用指南的提示，在使用时应注意以下事项：

第一，接收机与发射机间的距离应适当，太近太远都会影响声音质量，最短距离为2米。

第二，接收机与发射机之间尽量无障碍。

第三，接收机附近不应有电脑或其他会产生射频干扰的仪器，天线应远离任何金属。

第四，使用手持式话筒时手不要握着话筒底部，因为其发射天线位于底部，不当的握捏方式会降低话筒发射效能。

（二）传声器的关键技术指标

一般可通过灵敏度、频率响应、输出阻抗、信噪比、指向性等核心指标来衡量传声器的性能。

1. 灵敏度

传声器的灵敏度指的是传声器声电转化的能力，具体是指传声器在一定的声压作用下能够产生多大的电输出的一个物理量。通常是指传声器的输出电压与其所受声压的复数比。在不同的场合和不同的用途中需要灵敏度各异的传声器，普通的传声器灵敏度通常在-70dB左右，-60dB属于灵敏度高一些的，专业用的高灵敏度传声器可以达到-40dB左右。比如森海塞尔ME64，作为一般同期录音声源的主话筒，其灵敏度为31 mV/Pa +/– 2. 5 dB。

2. 频率响应

传声器的频率响应指的是在某一个确定的声场中，输出信号随着频率的变化而发生放大或衰减而形成的曲线。频率响应用分贝表示，这也是传声器的重要指标之一。为了能够得到优良音质，通常要求传声器的频响曲线在比较宽的频率范围之内平直。平直水平线是最理想的频率响应曲线，但这种理想的效果一般不易实现。

3. 输出阻抗

每只传声器都会有一定的内阻抗，传声器的输出阻抗指的是在输出端测到的内阻抗的模值，通常以频率为1000Hz的阻抗值为标称值。一般来看，低于600Ω为低阻抗；在600至10 000Ω为中阻抗；高于10 000Ω则为高阻抗。比如，罗德NTG2的输出阻抗为350Ω，具有可控的极性响应、带宽较广等优势。另外，优质的防风罩可以充分发挥抑制风噪功能，在公共空间进行采访时应用得较多。

4. 信噪比

传声器的信噪比表示传声器输出信号电压与传声器内在噪声电压之比，它的计量单位是dB。传声器的信噪比与传声器的性能成正比，即信噪比越大，传声器越优质。比如铁三角 AT4040，它的信噪比达到了82dB。

5. 指向性

传声器的指向性是指传声器的灵敏度随声波进射方向而变化的特性，代表传声器对不同角度声音的接收能力。传声器指向性的选取十分严格，因为指向角度过小会造成拾音区域缩小；指向角度大，拾音区域广，但却容易将扩声场的声音收集下来造成啸叫。不同的使用目的和不同的声源以及不同的声场条件，需要选择使用具有不同指向性的传声器，这对于获得理想的音质极其重要。

表5-4　森海塞尔Sennheiser三款传声器基本技术指标比较

型号	MKH 416	MKH 60	MKH 70
指向性	心形	超心形（更窄）	超心形
频响（Hz）	40~20k	50~20k	50~20k
灵敏度（mV/Pa）	25	40	50
等效噪声级（dB）	13（A） 24（CCIR）	6（A） 18（CCIR）	5（A） 16（CCIR）
最大声压级（dB）	130	150	180
重量（g）	165	150	180

（三）传声器的操作与使用

在电视节目录制过程中，录音师需要依据节目要求、声场环境来确定拾音方法，根据声源的强弱、位置，选用合适的话筒并确定拾音位置。录音师在使用传声器进行声音录制时，需要配备相应的监听设备，依据拾取声音的效果来实时调整传声器的角度、参数等。因此本节在论述传声器的操作时，除了讲解传声器本身的操作技巧，还论及常用监听设备的应用。

声音的拾取质量直接决定了后期制作的难度。使用传声器进行拾音时，要遵循一些基本的原则。因声场环境、声源类型不同，拾取声音所需的话筒数量亦不相同。录音前应确定所需话筒数量，选用合适的指向性话筒。

若采用单话筒录音，应注意话筒与声源体的相对位置。当录制个体声源时，话筒的高度应与个体声源体的口部一致；当录制群体声源时，话筒应放在群体声源的比例平衡处，使全部声响都在话筒有效角度以内。

若采用主话筒录音，即采用一个主话筒和其他辅助话筒配合的录音方法，针对有主次之分的群体声源，在录制时应注意调配次要声源体的位置，确保声音拾取的层次感。

若采用多话筒录音，可采取并联接法，但要注意话筒相位问题。并联要求各个话筒相位一致，不一致的情况下各话筒将互相干扰使输出减小、声音失真。

录制时要注意在各个层次均匀录音，话筒之间无主次之分，确保声音的全面拾取。

第一，要确定拾音距离，话筒与声源的最佳距离为30~40厘米，过远的距离会导致回响增加，噪音相对增长；过近的距离则会由于话筒的“近讲效应”（即近距离讲话时低频增强），导致声音失真，影响语言的清晰度。

第二，要安排好话筒的位置和高度，调整好声源与话筒之间的角度。话筒放置的高度应依声源高度而定。每个话筒都有它的有效角度，两者间偏角越大，高音损失越大。所以，一般声源应对准话筒中心线。

第三，要尽量减少噪声干扰等问题所带来的不良影响。在使用话筒的过程中，不宜用吹气或敲击的方法试验话筒，否则很容易损坏话筒。在室外使用话筒时，应该加用防风罩，以防止被风吹落而跌损。

第四，选择合适的监听设备。监听设备对于电视节目声音的拾取质量有较大影响。监听是录音师对整个拍摄现场同期录音质量做出判断的重要依据。录音师可以随时用耳机监听同期录音的效果，灵活控制录音电平，对传声器拾取的声音效果进行管控。录音监听耳机最好选择专业全封闭型的，以避免造成监听假象。监听耳机声压级一般定为70–75dB；电影的混录棚标准为85dB。

四、调音台的技术基础与应用

调音台，又称音频混合器、音频控制台，是利用适当的电平把多路音频信号混合在一起，并对它们进行音量调整、音质修饰以及音响效果加工等处理的工作平台。调音台是对各类声音素材进行技术控制与加工的音响设备，是节目录制系统的核心设备。

（一）调音台的基本组成和作用

1. 调音台的组成

不同种类的调音台所应用的场合和对象有所不同，但其基本组成部分和功能大体上是一致的。调音台主要由输入部分、母线部分、输出部分这三大部分组成。

输入部分利用多频调节、频带控制等来实现对声音的初步处理，对输入信号进行放大和音量、音质调节。调音台通常拥有多路输入和多路处理功能，可对高、中、低音分别进行音质补偿，达到声音的初步混合处理，为输入声音增添色彩。

输出部分可从主输出母线上除去各路输入单元混合的信号，对信号进行放大或对总音量进行控制，以适当的电平和输出阻抗将其传送至录音机及其他音响设备。调音台拥有诸多输出口，包括：左右声道输出、监听输出、编辑输出、录音输出、混合单声输出及各类辅助输出等。

调音台的输入部分和输出部分构成声音信号的主通道，母线部分则将两者联系起来，完成信号的分配与混合，从而构成了整个调音台。

现代调音台多为通用化和积木化结构，可通过各功能单位的不同组合满足不同要求。较大型的调音台往往输入路数多样，如标准为24/16/2的调音台，表示为24路输入、16路输出和双声道立体声输出。对于输入、输出路数较多的调音台，通过对其信号进行编组，可实现分组组合音量控制。其编组的功能强大，可将几路同类话筒和线路编在一起，破解声音录制与现场扩声的矛盾，提高操作的灵活性，更加便捷地处理调音台的各组不同信号。

2. 调音台的作用

电视节目的声音控制系统大多是以调音台为核心组织起来的一个系统。如图5-9所示，麦克风先将拾取的声音转换为电信号，传输至调音台进行处理，处理后通过功率放大器放大音频，再通过扬声器将电信号转换成声响。

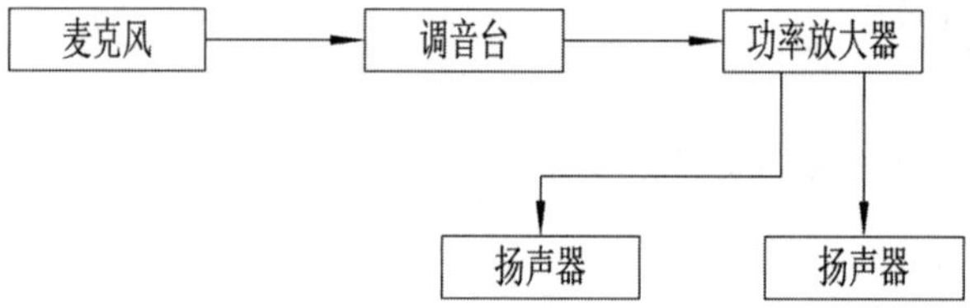

图5-9 电视节目声音控制系统的运作流程

在音响系统中，调音台发挥着汇集各个节目源输出的音频信号的作用。调音台在对音频信号进行控制调整、音质加工后，再将其分配并输出到所需要的通路（或声道）。调音台主要有以下几个具体功能：①

（1）电平调整

调整电平时，调音台需要通过输入部分的前置放大器，对话筒输出的微弱音频信号进行不失真的放大处理，以达到预定的额定电平，实现音量的平衡控制。输入电平过大，容易引起信号失真，过小则信噪比下降。通过这样的操作，能够抑制声音信号受到的通路中固有噪声的干扰，使声音信号维持一定的信噪比。

（2）频率均衡

调音台输入和输出都具有多个通道，每条输入通道都要求有均衡调节器，

① 孟群. 电视节目制作技术［M］. 北京：中国广播电视出版社，1997：295.

以补偿各种电声设备性能的限制和长距离传输造成的频率响应损失，调整控制音色，达成特殊的音效。均衡电路一般只调节声音的高频分量和低频分量。

（3）信号混合

调音台最基本的功能是将各路声音调整后，有机混合成一路信号，以标准的左右声道（立体声）形式输出，然后将其作为下一级设备的输入信号使用。

（4）信号输出

在信号输出的过程中，完整节目的信号经由调音台的输出电路调整总音量后，最终被输出到录音机等设备。这一部分的调整要基于各路信号的输入和输出电平信号，选择适当的输出阻抗和输出方式。

调音台是音响节目制作、电台广播等系统中需要使用的重要设备，在声音处理的过程中必不可少。它是一个音响系统的心脏，发挥着创作立体声、美化声音、控制音量、抑制噪声等重要作用。

（二）调音台的分类及特点

不同的调音台在输入通道数、面板功能键的数量、输出指示等方面都存在差异，根据使用目的和使用场合的不同，调音台分为以下几种：

1. 便携式调音台和固定式调音台

便携式调音台体积较小、便于携带，主要用于外出同期录音。它有2~6个输入通道，能够对声音信号进行基本的电平、音量调整，但由于面板单元数量有限，调音质量不如固定调音台。常见的型号有雅马哈MG82cx、索尼SONY DMX-P01。

图5-10　便携式调音台

固定式调音台依据输入通道数量的不同，一般分为中型与大型两类。中型调音台的通道数量为12~24个；大型调音台的通道数量为24个以上，可达上百个通道。固定式调音台面板功能齐全，输出通道多，能进行多轨声音的混合录制，适用于影视节目的录制及大型演出活动。常见的型号为雅马哈MG 16XU。

图5-11　固定式调音台

2. 模拟调音台和数字调音台

模拟调音台主要处理模拟音频电信号，一般有8路、12路、16路、24路等规格，技术成熟，在体育馆、剧场、录音棚等场所被广泛应用。

数字调音台是在模拟调音台的基础上诞生的，已逐渐成为广播电视节目制作的核心设备之一。数字调音台处理的对象是数字信号。模拟调音台和数字调音台在信号处理、控制操作、声音还原度等方面都有一定差别。数字调音台在功能上更强大，对信号的处理更灵活、精确、智能，总谐波失真值和等效输入噪声值均很低。

（三）调音台的关键技术指标

调音台的性能优劣，一般可通过增益、动态余量、噪声指标、频率响应、谐波失真等核心指标来衡量。

1. 增益

增益即调音台输出信号电压与输入信号电压之比的对数，或以输出电平与输入电平之差来表示，记作K，单位为dB。一般所说的增益，是指调音台的总增益。话筒、磁带、扩声器等设备是调音台的主要音源，为了让彼此相互匹配，就需要利用增益来调整输入声音，以此来保证调音台在固定的动态空间内运作。一般调音台的增益有额定增益和最大增益两种。额定增益就是调音台的额定工作电平，最大增益就是调音台的最高电平，最高电平是调音台动态范围的上限。话筒输入的额定增益应当不小于70dB，最大增益可在90dB以上；线路输入的额定增益为0dB，最大增益在20dB以上。

2. 动态余量

调音台的动态余量是指调音台的最大不失真输出电平和额定输出电平之间的差值，也就是最大增益和额定增益之差。动态余量又被称为峰值储备，动态余量越大，节目的峰值储备量就越大，声音的自然度也就越好。调音台的动态余量一般在15dB~20dB。因为有一定的峰值储备量，所以当调音台在额定状态下工作时，即使较大的动态量出现在节目的瞬间，也不至于造成限幅失真。调音台的电平指示器可以反映调音台在每个环节中的基本电平和电平储备，从而让调音师掌握调音台各环节的电平特性，最大化利用调音台的电平储备，并且能使声音达到较大的信噪比和动态量。

3. 噪声指标

调音台的噪声指标有两种，分别对应线路输入和话筒输入。线路输入是指当整个通路在0dB增益条件下，某一分路的输入与输出的信噪比数值一般大于80dB。而等效输入噪声电平则是话筒输入通路的噪声指标。专业调音台的等效输入噪声电平通常在-124dB~-126dB。

4. 频率响应

频率响应，简称频响，在电子学上被用来描述一台仪器对不同频率信号处理能力的差异，也是调音台重要的参数指标。调音台的频响宽度可以达到10Hz~30kHz ±1dB的指数。一般来说，频响曲线越平直的声音，信号失真度越低。

5. 谐波失真

谐波失真，即调音台的非线性谐波失真，是指在额定输出电平时，整个工作频段内的总谐波失真值以百分数来表示，与录音机的指数内涵基本一致，这种谐波失真与线性失真和互调失真是有区别的。在额定输出的条件下，普通话筒的谐波失真值要低于0.5%，而专业用调音台的谐波失真值则要求低于0.1%。

（四）调音台的操作和使用

许多调音台虽然在复杂程度和体积上大相径庭，但其基本功能在本质上是相通的，都是对输入的音频信号的音质进行加工、控制，并将结果混合输出到所需声道上。因此，在关于调音台具体操作的分析上，本节以电视节目录制较为常用的Behringer UB1622FX型调音台为实例，简单介绍调音台的基本功能。[①]

1. 信号输入

调音台的每个通道都有一种或多种规格的信号输入口，这些输入口或是连接传声器，或是连接录音机、音源、采样器或合成器的音频输出口。其中，平衡输入的方式一般用于话筒输入，非平衡输入则用于线路输入。

2. 增益钮

增益钮是一个调节旋钮，用于调整输入信号的大小。在部分调音台的面板上，这个按钮可以被衰减（PAD）按钮替代。这个按钮是声音输入后的第一个关口，可以让输入信号有一定程度的衰减，对信号传输质量有至关重要的作用。

3. 音量推子

音量推子又可称为音量旋钮，一般处于面板最下部。音量推子可确定信号的音量大小，推子在最下端时，输出信号则衰减至无输出。

4. 声像按钮

声像（PAN，或PANPOT）按钮在音量推子旁边，可调节通道信号在两侧音箱间的立体声位置。例如，声像按钮调至右侧时，调音台右声道输出音量大于左声道，使人耳判断出声源在右。

5. 静音和独奏监听按钮

静音（MUTE）和独奏（SOLO）监听按钮是存在于某些调音台上的设计。

① 李学明. 数字影视技术概论［M］. 北京：高等教育出版社，2012：127–129.

静音按钮可让通道的信号关闭，独奏监听按钮可让本通道信号在监听耳机中播放。

6. 均衡

多数的调音台都会提供一定的通道均衡功能。一些非专业的调音台所提供的则是分段均衡功能，其在调音台上显示为标有“treble”和“bass”的两个按钮。两段均衡的均衡方式，即调整“treble”和“bass”这两个按钮时，高于和低于预定频点的信号会被提升或衰减。三段均衡与两段均衡相比多一个按钮，这个按钮可以对中频段进行提升或衰减。除此之外，还有部分调音台增加了一个半参数中频均衡的按钮，该按钮可以选择中频点。而全参数中频均衡在能选定中央频点的同时，还能将一段频率范围进行提升或衰减。

7. 辅助发送按钮

辅助发送（SEND）按钮控制该通道信号发送给辅助输出口的信号量，通过辅助按钮，可以将几个通道的信号同时输出到一个辅助口。一般会在调音台的每个通道设计2~6个辅助发送按钮。调音台右侧的总线控部分一般会设置控制辅助信号返回量的按钮。辅助口在现场录音中也可以连接耳机放大器，供多人同时监听。

8. 磁带/线路的切换开关

磁带/线路（TAPE/LINE）的切换开关存在于大型调音台的每一个通道中，这些调音台主要应用于多轨录音系统。该开关是控制多轨录音完成前后，线路输入状态与磁带输入状态转换的关键。当进行多轨录音时，调动开关可以使调音台的每一个通道输入源都为线路输入源；当录音结束，对多轨信号进行缩混时，这个开关则应该放置在磁带输入状态上，确保多轨迹的各轨道独立输出。

9. 总线控制

总线控制部分一般有控制左/右声道的两个（或一个）主音量推子、调整效果返回量的控制钮、耳机音量的输出控制钮、辅助输出口音量控制钮。

五、录音机的技术基础与应用

（一）录音机的分类及原理

模拟录音机和数字录音机是录音机最主要的两种类别。模拟录音机大致分为盘式录音机、盒式录音机和磁带录音机三种。和模拟录音机相比，数字录音机在信号质量、记录密度等方面更加突出，也更容易实现数字化处理，目前主要有微型磁光盘录音机（MD）、数字盒式磁带录音机（DCC）、数字音频磁带录音机（DAT）、数字硬盘录音机几种类型。①

1. 模拟录音机

模拟录音机种类繁多，适用场合各不相同。早期的模拟录音机可保留原声的一切细节和分辨率，音色质量佳。但模拟录音机容易产生抖晃，采用模拟信号进行录音及编辑，对于大振幅信号，磁带传输系统的非线性失真将变大，从而影响音质；对于小振幅信号，声音会被噪声淹没，这就使得模拟录音机的动态范围较小，只能在65dB以下。

模拟录音机为磁带录音机，磁带录音机是利用磁带记录、存储、重放视频信息的重要设备，具有复制性能好、使用方便、利于普及等一系列优点。模拟录音机可以大致分为盘式录音机、盒式录音机。盘式录音机的动态范围大、噪声小、音质优良、走带稳定，但价格昂贵，适用于要求高音质的专业场合；盒式录音机体积小、价廉，携带使用方便。

2. 数字录音机

模拟录音机的音色优质，但存储不便，不利于数字化编辑。与之相比，数字录音机功能强大，具有模拟设备不可比拟的优越性。传统广播电视的传播和制作技术已经实现了数字化，数字录音机也出现了许多产品，这里拟结合电视节目制作，介绍以下几种典型的数字录音机，分别为数字盒式磁带录音机（DCC）、微型磁光盘录音机（MD）、数字音频磁带录音机（DAT）和数字硬盘录音机。

数字盒式磁带录音机（DCC）是飞利浦公司于1992年4月推出的数字录音

---

① 郭晓川. 从模拟录音机到数字录音机[J]. 成都大学学报（自然科学版），1990（1）：55-60.

机，它集中了90年代音频技术的最新成果，不仅能记录和重放数字信号，还可重放原有的模拟盒式录音带，兼容性能强大。此外，由于采用了先进的PASC（精密自适应子频带编码）技术，DCC大大提高了数字信号的传递速率，实现了高效编码，同时保证了如同CD般的高音质。

微型磁光盘录音机（MD）是日本SONY公司针对激光唱机（CD）只能放而不能录这一缺点推出的设备。MD的信息检索速度极快，比其他录音机更经久耐用，且特别便于携带。

数字音频磁带录音机（DAT）由D/A转换器、A/D转换器和数字记录装置等构成，模拟信号和数字信号都可以作为输入或输出端信号。

数字硬盘录音机在电视节目制作中应用得最为广泛，当前大中型电视台、电台及现场演出、广播等场合常用的音频设备便是数字硬盘录音机。数字硬盘录音机是以硬盘为数据载体的录音播放机，具有储存量大、安全性高、使用寿命长的优势。数字硬盘录音机具备与计算机相同的声音数据压缩、编辑、录放等功能，同时能实现高速检索和存取数据。多功能的数字硬盘录音机还能够从其他音频设备获取数字和模拟音频信号，然后将这些信号按不同格式进行压缩、编码，存入硬盘。

数字硬盘录音机通常有16bit和24bit两种量化比特数，采样率包括44.1kHz、48kHz、88.2kHz、96kHz等。若一个数字硬盘录音机的容量为2GB，采用8轨，可以存储50分钟左右的节目量。此外，硬盘录音机还具备跳线盘、调音台的一些简单功能，以及各轨信号波形显示和对应操作的功能。因此，数字硬盘录音机还可以作为一个音频资料库进行管理与使用。

以SOUNDDEVICES 744T便携数字硬盘录音机为例，这也是一款在电视节目制作领域应用广泛的录音设备，适用于同期录音和高品质的声音拾取。SOUNDDEVICES 744T为4通道录音机，每一路包含幻象供电、输入压限器及高通滤波器，尺寸较小、便于携带，包含256种可能组合的路径分配，适用于户外现场录音。

图5-12　SOUNDDEVICES 744T便携数字硬盘录音机

（二）录音机的关键技术指标

录音机性能对于声音的拾取质量、后期编辑至关重要，一般可从频响范围、信噪比、串音、失真度等指标来评判其性能优劣。

1. 频响范围

频率特性又称为频率响应或有效频率范围，它是指录音机在录、放过程中，各个频率信号最低有效频率与最高有效频率之间的范围。作为考查录音机性能优劣的重要指标，一般来说，其分贝值越小说明录音机的频响曲线越平直、失真度越低、性能越高。但频响曲线为水平直线的最理想频响特性在实际生活中往往很难实现，对于中、高档录音机来说，总的频率范围一般为50Hz~15kHz。

2. 信噪比

信噪比（SNR或S/N）又称为讯噪比，是指在电子设备中，正常声音信号与无信号时噪声信号的比值，其计量单位是dB。失真与噪音的主要区别在于失真具有规律性，而噪音信号没有。录音机的信噪比数值越高，表明它产生的噪声越少，声音的音质越高。普通录音机的信噪比应在70dB以上，高级录音机的信噪比一般不低于110dB。

3. 串音

在录音机运行中，由于磁带中的相邻磁迹或者录、放音电路的左、右声道之间发生泄漏而引起信号失真的现象称为串音。串音的大小用串音衰减来表示，衰减数值越大越好。一般模拟双轨录音机的串音应控制在55dB以上，多轨录音机应在50dB以上，数字录音机一般多在85dB以上。

4. 失真度

录音机无法百分之百地再现原生信息，因此失真度也是其重要的性能指标之一。失真度指的是重放输出信号与原来录入声音信号的差异程度，通常用百分数来表示。录音放大器、放音放大器等质量不佳，都可能造成失真。

一般录音机说明书上所指的失真是总谐波失真，总谐波失真是指输入信号源时，输出信号比输入信号多出的谐波成分。通常情况下，总谐波失真的百分比在1000Hz附近最小，所以以该频率的失真作为它的指标。总谐波失真低于1%时，耳朵不易察觉，在10%以上时则能够让人明显听出声音失真。

录音机的操作重点在于前期对录音机的测试和校对工作，确保录音机与调音台在动态范围、频响、串音等技术指标上保持一致，完成对声音信号的调整和记录工作。同时，要连接好输入及输出的信号线。

以SOUNDDEVICES 744T便携数字硬盘录音机为例，录音机的操作可分为两大部分，一是输入、输出接口的连接，二是音频调控。使用744T进行录音时，首先需要辨别数字音频格式，正确连接输入、输出接口。然后通过菜单设置功能，对音频的传输速度、动态范围、声道、频响等进行调控，以完成声音的录制及编辑工作。

六、数字音频工作站

数字音频工作站简称DAW，是英文“Digital Audio Workstation”的缩写。数字音频工作站是以计算机控制的硬盘为主要记录载体，由计算机中央处理器、数字音频处理器、软件功能模块、音源外围设备、存储器等部分构成的音频编辑系统。

数字音频工作站将音频信号加工处理成数字信号并实现对信号的获取、记录、储存和重放，包含录放音、多轨合成、调音、均衡、压扩、变调、混响、延时、降噪及效果处理等编辑功能。数字音频工作站是功能强大的非线性音频编辑制作系统，广泛应用于音乐、影视、广播电视节目制作时音频信号的可视化处理。

（一）数字音频工作站的分类

按数字音频工作站的性能构成划分，可将其分为两种类型，即专业数字音频工作站和组建式数字音频工作站。

专业数字音频工作站是一套集录音机、调音台、表桥和显示器于一体的完整音频录音及制作设备，附带话筒、音箱等配件。如Roland VS-2480系列数字音频工作站，可24轨同时播放，采用24比特AD/DA转换、96kHz采样频率，有17个电动推子和大的LCD液晶显示屏。VS-2480可以像电脑那样操作，因为它可以连接鼠标和键盘，以及VGA显示器。VS-2480数字音频工作站既有模拟输入输出接口，又有数字输入输出接口。

组建式数字音频工作站是一种基于计算机强大的数据处理能力，以数字音频编辑软件来进行音频录制、编辑、播放及管理的系统，由音频处理核心、音频处理接口和功能软件构成，另外附加一些配件如话筒、音频卡及监听设备等。音频处理核心主要是指音频插件和DSP音效处理组，后者可配合CPU实现声音信号的实时效果处理，形成多路、多总线基于软件的效果器和动态处理器。

数字音频工作站的组建形式多样，以个人电脑组建一套数字音频工作站比较简单，仅需安装数字音频编辑软件，同时配备一个话筒、一副耳麦或监听音箱，便可进行简单的音频编辑。在此基础上，还可配备专业调音台，来调整和控制声音的音质和音量电平。

（二）数字音频工作站的功能及特点

1. 数字信号处理

数字音频工作站具有完善的音频特效处理功能。在传统声音模拟技术中，其记录媒体是磁带，磁带的质量好坏直接影响到节目的录制质量。数字音频工作站实现了音频信号的数字化，声音的制作、复制、存储和播出均可以在数字状态下进行，实现了无损编辑，还提高了声音编辑的效率和精细度。数字音频工作站不仅能够实现无损编辑，还能够在声音的制作过程中，通过数字信号处理完成声音的压缩、扩展、实时均衡、声像调整、降噪、混响、变调与延时等多种功能，最大限度地减少了物理性的干扰和失真现象，保证音频特效的质量。

2. 音频非线性编辑与可视化编辑功能

数字音频工作站最突出的优势是非线性音频编辑功能与可视化编辑功能。其与视频的非线性编辑类似，两者的区别主要在应用软件方面。数字音频工作站的音频编辑也利用素材箱（Bin）和时间线（Timeline）实现编辑功能。

音频素材能够在软件界面上以声音波形显示。由于具有可视化编辑功能，数字音频工作站可将声音的波形和位置直观地表现在显示屏上。数字音频工作站利用非线性编辑手法，可以迅速、准确地实现音频的插入、替换和覆盖等功能。

3. 音频资料的存取与加工

数字音频工作站可将多个音频资料数字化，进行大规模的存储。录音师采集的自然界声音以及过去制作过的大量拟音效果声等，都可转成数字文件，存储在音频工作站中，由音频工作者在计算机上对其进行统一有序的管理。

数字音频工作站以硬盘为主要载体，节省了大量的磁带。由于使用者对硬盘上的任何点的数字信号都可以进行随机访问，所以不论这些信号以什么顺序被记录，当有实际需要时，使用者可十分方便快捷地调用所需的音频材料进行读取和处理，从而制作出所期望的声音效果。

此外，数字音频工作站还具有后期配音、多设备合一、虚拟轨、混录等强大的功能，在电视节目制作中的应用日趋广泛。

（三）常见的数字音频工作站

以下主要介绍一些国内外应用得较为广泛的音频工作站。

1. Pro Tools音频工作站

Pro Tools音频工作站是当今世界上使用广泛、通用性强的高级音频工作站，它集成了多轨数字音频系统和MIDI音序功能，可完成录音、编排、剪辑、混音和母带处理等任务。

Pro Tools界面主要包含编辑窗口和混音窗口两大部分，相互间可直接按快捷键切换，也可使用两台显示器分别显示两个窗口，方便操作。在编辑窗口中可进行录音、编辑等各项复杂操作，界面上显示有素材的音量包络线，精确而直观，操作者可选择显示声像位置以及静音状态等。混音窗口具有类似调音台的功能，包括音量推子、声像电位器以及辅助通道等，用于设置输入输出等参数，且在混音时可实时记录各种位置和状态。

Pro Tools含有超过 75 种附带的音效、声音处理和实用插件，内部包括K-system、VU 等17 个高级电平表选项，操作者可在每个通道上使用增益衰减电平表，评估动态性能。利用经过扩展的磁盘高速缓存功能，还可将整个工程载入内存，获得更流畅的性能和更高响应的录音和回放速度。

2. Adobe Audition

Adobe Audition原名为Cool Edit Pro，被Adobe 公司收购后，改名为Adobe Audition。Adobe Audition 能够实现对音频的编辑、混合、剪辑和录音等功能，同时可以对音频进行降噪、提取人声等效果处理；它最多可混合 128 个声道，操作者可编辑单个音频文件、创建回路并可使用 45 种以上的数字信号处理效果。Audition 是一个完善的多声道录音室，可提供灵活的工作流程并相对易于使用，Audition中恰到好处的工具能够满足录制音乐无线电广播、为录像配音等多重需要，提供充足的动力以创造出可能的最高质量的丰富、细微的音响。

3. Logic Studio

Logic Studio是美国苹果公司所开发的一款用于作曲、录音、剪辑、混音和现场表演的专业音频软件，同时也是一个集模拟乐器、采样乐器、特效插件和音频loop循环于一身的音乐制作系统。

Logic内置多项适合影视后期制作的功能，比如赋予不同声音素材尽量一致的频谱特性、效果逼真的混响特性、人声转换处理、音频压缩导出等。由于Logic具有效果器全面内置、编辑操作方便高效、缩混工程条理有序等优点，应用范围广泛。

数字音频工作站因其优质的操作体验及较高的性价比，正不断应用于各个电视节目制作领域中，在视频制作过程和音乐录音过程中的应用日趋广泛。随着新软件的开发，数字音频工作站各种新的功能也在不断涌现，今后数字音频工作站的应用范围也将逐渐扩大。

七、项目案例：真人秀节目《爸爸去哪儿》第二季同期声的采集与运用

在同期声的采集方面，《爸爸去哪儿》采用了多路接收机收音和备份技术，确保了声音记录的完整性。在同期录音时，若录音师不加控制地把语言和环境声同时在一条信号通路上进行重复录制，那么在声音的后期制作中，会导致后期的节目编导和录音师无法对后期声音做细节处理，例如做单独的音量电平和声音的EQ调整。从技术层面上讲，也无法回到最初录音工作的起点进行重新录音。所以为了保证在后期制作时能对音频信号进行各种技术处理，《爸爸去哪儿》在同期录音中，优先将语言声音和环境声分轨录制下来，同时尽量避免拍摄现场的异常声音。此外，《爸爸去哪儿》声音制作团队采用了无线话筒和有线话筒结合的方式，并采取单一发射机对多接收机的独特记录方式，有效地保证了声音记录的完整性。

在便携式无线系统方面，《爸爸去哪儿》节目中的ENG无线系统使用了舒尔公司UHF-R平台的UR1腰包发射机系列产品和UR5便携式接收机构建的系统。UR5是一款优秀的便携式话筒接收机部件，能够提供符合专业领域和媒体制作场合要求的无线技术、性能和音频质量。UR5具有宽广的频率调节范围，操作简单便利，可充电，并且具有丰富的选配固定件。使用的方式是一套发射机对应3套接收机系统，具体方法为：

（1）每个演员配套一个腰包发射机+领夹式话筒。具体配置为：配套一个舒尔UR1无线腰包发射机和MX150领夹式话筒。

（2）跟拍导演配套一台ENG无线接收机，每个演员配一个跟拍导演，使用耳机监听演员的现场表演。

（3）摄像机音轨：每个摄像机配套一台ENG无线接收机，来跟踪单一的演员，用于录入到CH2的录像机音轨。

（4）跟拍录音师：现场有一个录音师，配套相应通道数量的ENG无线接收机（例如8个演员，就配套8个通道的ENG无线接收机进入8轨道录制），跟拍到多个演员。仅容纳一台摄像机的狭窄场景，同样也可以录制多轨音频，作为后期制作使用。

录音师可以根据内容需要，在后期制作时将现场录制下来的各种语言声音和音响声音分别记录在独立的声道中，使其相互干扰的特性降到最低程度。

除了便携式无线录音系统，《爸爸去哪儿》在演员固定的休息室和接待室等场地大量采用了同期录音的枪式话筒，同期声响可以进入监控摄像机音轨。

采集同期声时需要把录音系统调整到最佳工作状态，包括对摄像机音频电平的控制、对便携式无线系统的设定、对多轨录音机的设定。摄像机录制声音的判断标准是：音量表显示-10dB~0dB，声音清晰明亮、不失真、巧妙避开嘈杂的环境。下面以Sony HVR高清摄录一体机为例，来介绍摄像机系统内部声音设置的技巧。

（1）DV声音模式：以HDV格式录制时，设备自动采用FS48K模式（高质量单声道、立体声模式）。

（2）XLR输入设定：在摄像机使用外部话筒产品时，可选择独立的自动增益控制（AGC），AGC电路在操作者设定CH1、CH2为AUTO应用方式后开始运作，声音的录制质量有AGC电路保证，不需要人员额外操作。此方式一般用于录音师不能跟拍的情况。

（3）摄像机输入电平设定：INPUT1、INPUT2的话筒电平输入设定为-18dB、-12dB、-6dB、0dB、+12dB，默认为0dB。在设置线路电平无效时，操作者可以根据话筒输入电平进行有效的调整，选择话筒/线路输入。在实际采访中，常常会出现这样一种情况：电平表显示的值不大，但监听时声音失真，此时可通过调节输入电平值进行调整。

如下设定技巧可有效规避摄像机音轨的录制问题：首先，使用高灵敏度的话筒或声音过于响亮时，输入端和录制端都可能会出现失真，当输入端方面失真时，可调整发射机输入电平；当录制端输入失真时，可调整接收机的输出电平。其次，输入点增益调整得过低会带来低信噪比，这样就需要ENG无线话筒本身具有增益调节功能。

在风噪声设定功能方面，摄像机端有去除风噪的功能。这个功能主要是通过设定高通滤波来去除低频噪声，这一功能在室外录制语言声时特别有效，这个设定也可以在无线话筒端进行。摄像机上的声音设定完成后，跟拍摄像师需要配套监听耳机，负责监听声音的音质和音量，以便发生声音间断或异常后，马上停机进行调节和处理。[①]

项目实训

项目名称：声音的录制与后期制作

项目名称：在学生掌握了传声器、调音台和录音机的工作原理及基本操作技巧后，要求学生开展同期节目录音工作，以小组形式，分别模拟演播室访谈场景、公共空间纪实场景、话剧演出等表演场景，拍摄一段时长为5~10分钟的视频。要求节目声源清晰多样，要设计声音内容脚本，利用数字音频软件进行编辑、混录。

每个小组成员都必须参加准备和录制工作。任务完成后，小组派代表展示所录制的短片，并由任课教师及其他同学做出评价，主要考查小组成员的音频录制及编辑水平，解决声音技术存在的问题。

实施步骤：1. 前期阶段：（1）选择录制场景；（2）编制录音计划；（3）选择传声器设备及附件。

2. 录制阶段：（1）确定拾音距离；（2）确定声源与传声器的角度；（3）选择音频接口；（4）选择调音台与录音机；

① 本案例内容来自湖南广播电视台的肖卫华与赵川发表于《现代电视技术》2014年第9期的文章《真人秀〈爸爸去哪儿〉第二季同期声的采集与运用（上）》。

（5）连接外接设备；（6）调整录音电平；（7）保养与维护录音设备。

3. 后期阶段：（1）选择数字音频工作站；（2）音频编辑、混录。

项目评价： 项目考核主要从以下几个方面进行评价：

1. 对录制前的策划的评价

主要从学生在正式场景录制之前所做的准备工作是否完善、全面等方面进行评价，主要从以下几方面展开：（1）是否根据录制场景的特点，对声音内容脚本进行合理的安排与策划；（2）是否编制详细的录制计划；（3）是否根据不同场景选取合适的音响话筒等硬件设备；（4）小组成员任务是否分工明确；（5）是否收集具体录制场景中的具体录制对象的背景资料以及表达特征等材料；（6）小组成员是否在正式录制开始之前进行试录。

2. 对录制过程是否流畅完整的评价

对学生合作完成同期录音的质量进行各方面技能表现的评价，主要从以下几方面展开：（1）对内容设计的评价：场景内容是否多元化、体系化，录制主题是否层次分明、重点突出；（2）对声音拾取的评价：包括话筒数量是否合理、位置搭配是否合理、拾音是否具有层次感、音量是否合适、有无明显噪音等。

3. 对录制完成后音频编辑情况的评价

对学生录制完成后的音频处理技能进行评价，主要从以下几方面展开：（1）音频语言设计是否合理、内容是否详略得当；（2）剪辑是否完整、成体系；（3）音乐、音响、同期声等声音素材搭配是否合理；（4）是否运用声音蒙太奇等合理的表现手法。

学习单元六

非线性编辑技术

学习目标

（一）知识目标

1. 理解线性编辑系统的构成和编辑特点。
2. 理解非线性编辑系统的组成及原理。
3. 理解非线性编辑的特点。
4. 了解非线性编辑网络技术的特点和功能。

（二）能力目标

1. 至少掌握一款专业非线性编辑软件的基本操作方法。
2. 掌握非线性编辑系统的组成原理和特点，并且掌握非线性编辑镜头组接的原则和技巧，具备一定的非线性编辑能力。
3. 熟悉非线性编辑系统网络的应用，在节目制作过程中，能够在非线性编辑网络中共享媒体文件，协作编辑。

任务描述

任务一：在了解和掌握线性编辑和非线性编辑的特点后，熟悉非线性编辑的软硬件系统，实践非线性编辑技术，进行素材存取、镜头组接、添加转场和字幕等基本操作，完成简单的电视节目（视频）作品的制作。

任务二：通过对非线性编辑系统网络的使用，熟悉非线性编辑网络系统的流程化管理特点，能够运用素材上载、用户管理、工程文件、成片文件、渲染文件等不同的功能模块。

一、线性编辑系统

（一）线性编辑系统的构成

线性编辑指的是一种按时间顺序从头至尾进行编辑的节目制作方式。它是以一维时间轴为基础，依托磁带为记录载体的编辑方式。素材在磁带上按时间顺序线性排列，这种编辑方式要求编辑人员按照镜头顺序进行编辑，一旦编辑完成，便不能轻易改变镜头的组接顺序。若改动，编辑点以后直至结尾的所有镜头都将受到影响。我们可以比较形象地将其理解为“串糖葫芦”的编辑方式。

根据节目制作的不同需求，我们可以建设不同类型的线性编辑系统，一对一编辑系统、二对一编辑系统和多机编辑系统是三种典型的线性编辑系统。

1. 一对一编辑系统

一对一编辑系统由一台放像机（简称放机）、一台录像机（简称录机）和两台监视器构成。编辑人员可以将一台放像机、一台录像机和相应的监视器进行连接，形成标准的对编系统，通过对磁带进行暂停、快进和快速倒带等操作，实现录像机的录制和重放，以及快速寻找编辑点的目的，进而实现从素材到节目的转录，这种方法以往多用于电视节目的粗编阶段。

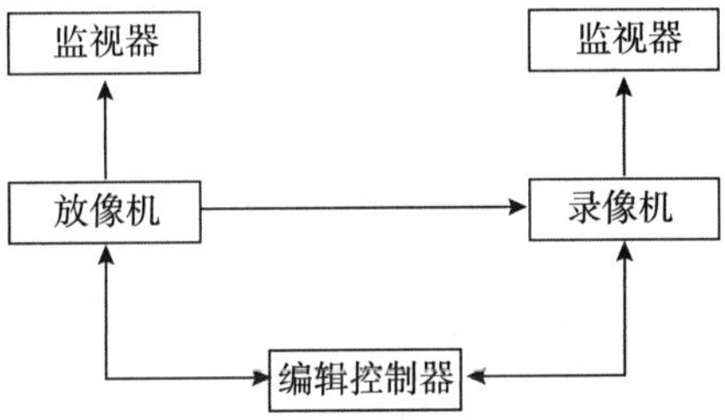

图6-1　一对一编辑系统

2. 二对一编辑系统

二对一编辑系统由两台放像机、一台录像机、三台监视器和一台编辑控制器组成，根据编辑控制器的功能设置，还可以配备切换台、特技机、字幕机等设备。二对一编辑系统在一对一编辑系统的功能基础之上，又增添了双镜头的共同组接与画面特技效果合成等功能，此外，该系统的编辑控制器还能够同时对两台放像机的内容进行编辑处理。该编辑系统的应用有利于编辑效率的提高和特技效果的丰富，多用于电视节目精编阶段。

3. 多机编辑系统

多机编辑系统主要由两台以上的编辑放像机、一台编录像机、一套编辑控制器、一套特技切换台、一台字幕机、一套调音台、多台录像机及相对应的监视器等构成。作为一种复杂高效的编辑系统，它的自动编辑能力十分强大，可以根据指示进行全自动的搜索与编辑。当对节目制作的复杂性有一定要求时，多机编辑系统就显得尤为重要，它能够实现画面加转场等多种特技效果。多机编辑系统能够同时给出多个信号源信息，用一次合成的方式来解决多版复制的问题，适用于多机位多场景电视节目的制作编辑。它能够较好地提升编辑效率，激发编导的创作思维。

（二）线性编辑系统的特点

线性编辑系统的优势在于技术成熟，硬件的稳定性高，但相比较于非线性编辑系统，线性编辑系统具有显而易见的局限性。线性编辑系统已基本退出了主流电视节目制作领域。

第一，线性编辑系统不能随意调用素材，在搜索和录制素材时，只能在一维的时间轴上按照镜头的先后顺序进行，不可跳跃。素材挑选要来回地进带和倒带，编辑时费时费力、效率低。

第二，在线性编辑系统中，多次复制会导致信号衰减严重。线性编辑的信号是模拟视频信号，大量不可避免的搜索操作会使得信号衰减、失真严重，最终导致节目声画质量降低。

第三，在线性编辑操作中难以对节目进行修改，只能按顺序编辑或替换编辑，不能够进行镜头的随意增删。

二、非线性编辑系统

非线性编辑系统以计算机技术为基础，以盘基记录为载体，主要是通过数字化技术将视频、音频素材存储在计算机硬盘中，然后利用专业编辑软件对数字化素材进行多种处理。非线性编辑的基本工作流程为以时间线为轴进行素材文件编辑，添加字幕、转场和特效等，然后将节目合成并输出。目前，非线性编辑是主要的电视节目编辑方法，非线性编辑系统是主流的电视节目编辑工具。

（一）非线性编辑的特点

非线性编辑最大的特点是编辑方式的非线性，镜头排列无须遵循线性时间轴，镜头等素材可以任意编排安置，而且镜头顺序的改动并不影响已编辑好的素材。除了编辑方式的非线性，非线性编辑还具有信号处理数字化、素材存取随机化、制作合成集成化、编辑手段多样化、节目制作网络化等特点。

1. 信号处理数字化

非线性编辑系统是一个扩展的计算机系统，借助于计算机软硬件技术使音视频信号在数字化环境中制作合成。非线性编辑系统以计算机为核心，采用硬盘作为存储媒介，进行数字化信号处理，让电视节目的编辑制作进入数字化时代，在系统中进行编辑处理和复制都不影响源文件的质量，克服了传统线性编辑系统在编辑的过程中信号衰减的弱点。

2. 素材存取随机化

非线性编辑的存储媒介以盘基为基础，硬盘磁头以随机性的非线性存取方式来读取数据，编辑点可以及时被找到，省去了磁带录像机线性编辑搜索编辑点的过程。

3. 制作合成集成化

非线性编辑系统集成了传统线性编辑、切换台、特技合成、色彩矫正、字幕机等功能，化烦琐为简约。

4. 编辑手段多样化

视频信号数字化后为计算机处理能力的发挥提供了广阔空间，操作者不仅可以便捷地对视频的亮度、色调和饱和度等参数进行调整，还可以制作多层特技画面以及二维、三维特技效果等。

5. 节目制作网络化

非线性编辑系统的优势不仅仅在于它的单机多功能集成，更在于它可以多机联网。在数字化系统中，非线性系统可以连接起来，构成同其他网络共享资源的系统，使电视台内部、电视台之间的节目交流更加快捷。在节目制作过程中，可以采用包含一个或更多可同时用于多个电脑系统的磁盘阵列的存储区域网（Storage Area Network，SAN），在多个编辑系统中共享一组媒体文件。

（二）非线性编辑系统的组成及原理

非线性编辑系统是使用数字磁盘存储媒体进行数字编辑与数字合成的后期制作计算机软硬件综合系统。非线性编辑计算机硬件平台分为两种，一种为以PC机、Mac机为主的硬件平台，另外一种是工作站形式的专门工作平台。非线性编辑系统是数字化视频技术与计算机多媒体技术的结合，由硬件系统和软件系统两大部分组成，具体来说，硬件系统包括计算机系统、视音频处理卡、大容量存储器和接口系统，软件系统为非线性编辑软件。

就硬件系统而言，以往视音频处理卡是非线性编辑系统的核心部件，又称为板卡、采集卡，主要具备视音频信号的采集、压缩和解压缩、特效合成、添加字幕、输出等功能，压缩和解压缩是视音频采集卡的核心内容。非线性编辑技术经过视频采集卡、音频采集卡、特技功能与特技加速卡和字幕卡集成化发展阶段之后，技术再次更新换代，多数采用了“CPU+GPU+IO卡”的非编结构，不再依赖图形卡加速，可脱离图形卡进行编辑，还可以进行软件升级。“CPU+GPU+IO卡”技术用软件编解码来代替硬件编辑卡的功能，突破了专用硬件的局限。它充分利用CPU+GPU 的协同处理技术，在编解码和后期合成等多方面实现了实时操作，提高了视频的高性能编辑和处理水平。

数字非线性编辑系统使用的素材主要通过硬盘进行存储，因为数据量庞大，所以对硬盘的读写速度和容量要求较高。影响硬盘数据传输率的因素有两个方面：一个是磁头读写速度；另一个是接口类型和总线速度。硬盘不同磁道、不同扇区的数据读取，以及是否连续存放数据等因素都会影响到硬盘的数据传输率。硬盘阵列（Redundant Array of Independent Disks，RAID）是具有冗余能力的多重化磁盘阵列，它具备独立机箱和供电系统，不占用CPU资源，与计算机操作系统无关。使用硬盘阵列是解决大容量数字存储问题的办法。

（三）非线性编辑的软件系统

非线性编辑以计算机为基本的硬件平台，其软件系统主要包括系统软件和应用软件两个部分。

系统软件主要包括PC平台的Windows操作系统和Mac平台的Mac OS操作系统。应用软件分为专用型软件和通用型软件两类。

非线性编辑软件主界面一般由素材库、显示区、编辑工作区（时间线）、工具栏等几个部分构成（如图6-2所示）。

图6-2　非线性编辑软件主界面（Final Cut Pro X）

非线性编辑软件的工作流程主要包括从摄影设备提取视频，对视频进行剪辑，加入字幕、音效、转场等，制作视频特效，使用专业视频模板，以及进行视频合成输出，具体包括以下几个步骤：

- 准备素材
- 创建项目工程
- 导入素材

- 编辑素材
- 添加特技效果
- 添加字幕
- 添加音频
- 合成并输出

专用型软件是根据不同视频处理卡而开发的专属软件，例如大洋、索贝、艾维德、新奥特、奥维迅等都开发有专属的非线性编辑系统。通用型软件则是由第三方开发的非线性编辑系统，种类繁多、功能强大，特点是不依赖硬件运行，安装在任何计算机上都可以使用，其中应用得比较广泛的专业视频剪辑软件有Premiere Pro 、Final Cut Pro、Edius Pro 、Media Composer等。

1. Premiere Pro

Premiere Pro是Adobe公司旗下的基于非线性编辑设备的视音频编辑软件，是一款在电视节目制作领域应用广泛的主流视频编辑软件。Premiere Pro不仅在PC平台和Mac平台都能够应用，而且能够和Adobe的其他软件紧密结合。Premiere Pro能够满足专业编辑的需求，支持主流媒体格式，结构较为紧凑，操作界面友好，编辑功能完善，其功能主要包含素材采集和捕捉、强大的视频编辑、实时预览、音频处理、高级字幕合成、特技效果等。

2. Final Cut Pro

Final Cut Pro 是由苹果公司开发的一款主流的非线性视频剪辑软件，包含后期制作的特效制作、音效调节、颜色调整等各种功能。Final Cut Pro是苹果公司的Final Cut Studio系统影视制作软件包的核心软件，其他软件包括特效软件Motion、编码输出软件Compressor、字幕软件Live Type、调色软件Color、音频制作软件Sound Track Pro和Logic Pro等。Final Cut Pro 具有直观的新设计和开创性的时间线功能，打破了基于轨道的传统剪辑方式，在时间线上进行了革新。其开创性的视频剪辑功能让后期制作的速度得以提升。

3. Edius Pro

Edius Pro是专业的非线性视频编辑软件，专为广播和后期制作环境而设计，特别针对新闻记者、无带化视频制播和存储。Edius Pro拥有完善的基于文件的工作流程，提供实时、多轨道、多格式混编、合成、色键、字幕和时间线输出等功能。Edius Pro因其迅捷、易用和可靠的稳定性为广大专业制作者和电视人所广泛使用，是混合格式编辑的绝佳选择。Edius Pro 8提出“快速编辑一切”的口号，支持更多格式、更多分辨率而无须等待。

4. Media Composer

Media Composer 是一款最可靠的视频编辑软件，由美国Avid公司开发生产，深受电影制作、电视、广播和流媒体行业专业剪辑师的信赖。剪辑人员既可以选用Media Composer单独的软件产品，也可以选择配备Avid Digital Nonlinear AcceleratorTM（Avid DNA）硬件设备的完整系统。

非线性编辑系统拥有十分丰富的视频、音频、绘画、动画和多媒体软件资源，比如，图片编辑软件Photoshop、特效合成软件After Effects、三维制作软件3ds Mas、视觉特效软件Combustion和Shake等，大量的计算机视觉/图像处理软件进入非线性编辑系统，有力地提升了电视图像的艺术效果，使节目制作的多样性和灵活性得到了极大提高。从发展趋势上来讲，一方面，各种后期合成软件在更多地融合基本剪辑功能；另一方面，非线性编辑软件也正在从视频编辑工具演进成内容编辑和创作混合工具。

（四）非线性编辑系统的基本编辑方式

非线性编辑的基本方式包括：组合编辑、插入编辑、覆盖编辑和叠加编辑四种形式。

1. 组合编辑

组合编辑是最基本的编辑方式，指把不同的镜头依次按照内容要求组接在一起。组合编辑可以把分散的素材汇编为一个连续的整体。组合编辑可以按照任何顺序进行组合，从前往后组合、从后往前组合或者分段落组合都可以。

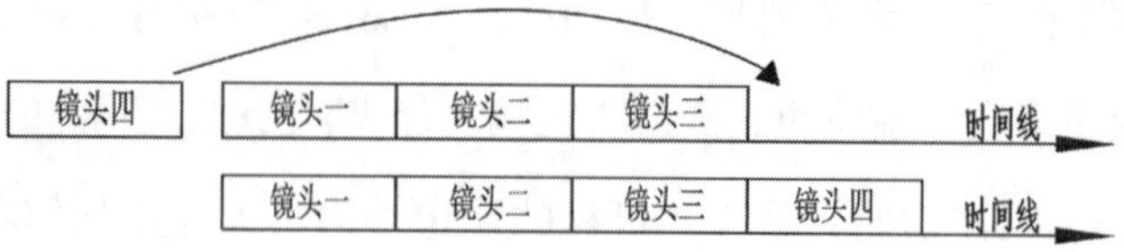

图6-3 组合编辑

2. 插入编辑

插入编辑是指在已经组接完成的镜头序列中插入新的镜头。插入编辑可以将镜头直接插入，从而推后插入点后面的镜头，这也是原来的线性编辑难以实现的编辑方式。

一个镜头片段能够插入镜头序列中的任意位置，也可以在任意位置被删除。如图6-4所示，插入编辑可以将源片段（镜头四）放入镜头序列中，那么在时间线中镜头序列的插入点之后，所有子片段（镜头二和镜头三）向前移动，以便为所添加的片段（镜头四）腾出空间。在这个插入编辑过程中，镜头序列中的任何片段都不会被删除。

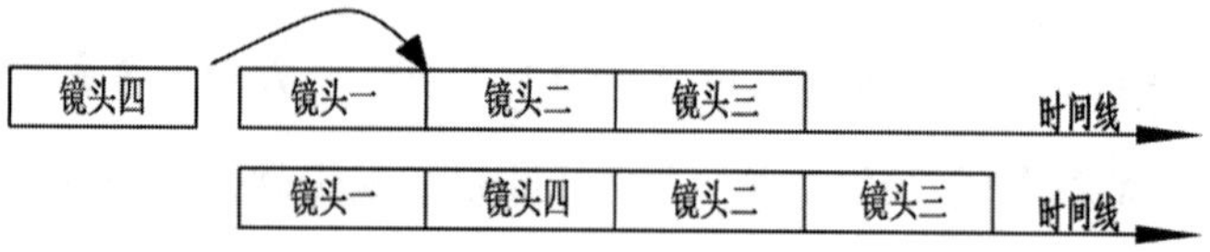

图6-4 插入编辑

3. 覆盖编辑

如图6-5所示，源片段（镜头四）替换插入位置的子片段（镜头二），不更改整体镜头序列的长度，这就是覆盖编辑。覆盖编辑的源片段会在源片段的时间长度内覆盖从序列入点处开始的任何片段项，而片段项不会向前推进，因此序列的时间长度保持不变。

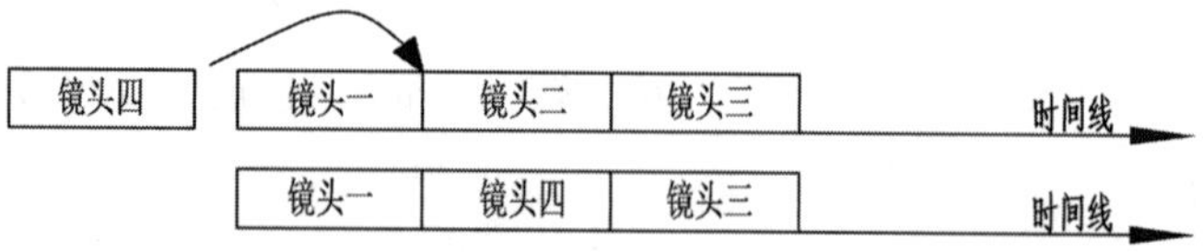

图6-5 覆盖编辑

4. 叠加编辑

叠加编辑是在不同的时间轨道上实施的，是指将一个片段直接放在不同轨道中的另一个片段上。如图6-6所示，可以使用叠加编辑将源片段（镜头四）快速叠放到已经在序列中的片段（镜头二）之上。

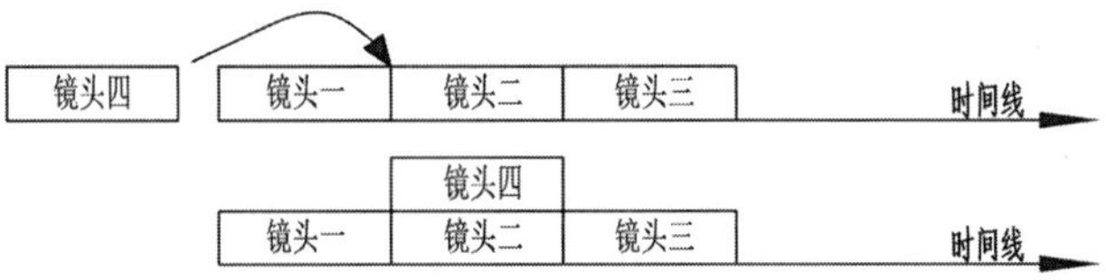

图6-6　叠加编辑

三、非线性编辑系统的网络化及其应用

非线性编辑系统网络是全数字化的电视节目制作系统。摄、录、编、播全系统实现网络化是电视制作领域发展的方向。非线性编辑系统网络能够实现资源共享，资源合理安排，设备成本降低，节目质量提高，实效性加强，工作效率提高，利于管理，可以实现远程编辑。非线性编辑系统网络还具有流程化管理的特点，能够实现与电视节目制作、播出的工作程序的一致。

非线性编辑系统网络使用高速网络技术，将单机非线性编辑工作站连接成为一个网络系统，通过节目信息共享服务器或网络服务器等，实现节目信息的共享和各种非线性工作站之间信息的实时传输、交换。非线性编辑系统网络具有资源功能的可调性，能对素材上载、用户管理、工程文件、成片文件、渲染文件、元数据等方面进行配置调整。

非线性编辑系统网络主要采取以太网和光纤网的双网结构，利用光纤网实现高质量视频采集、编辑和播出，以专门的多媒体计算机工作站来作为实施各种编辑工作的设备；利用以太网进行节目的粗编、配音，网上数据的拷贝和系统文件及网络管理，在节目编辑过程中，各个环节都可以使用存储在网络系统中的共享数据。

在节目生产制作过程中，需要有足够的存储带宽、链路和优良的交换机处理性能来保障非线性编辑系统的稳定性。尤其是在精编或包装网内，往往需要同时处理3层到5层的视频编辑和特技叠加，单个站点的多层编辑扩大了终端对网络带宽和延时的需求。选择适宜的存储网络架构是非常重要的，对于一个存储网络而言，其是否适用于广电系统，主要考虑四个维度：终端接入带宽、链路带宽、承载媒体数据的交换机处理能力、存储体处理能力。①

四、项目案例：新疆兵团电视台电视节目制作网络系统

新疆兵团电视台电视节目制作网络系统采用了双网架构，即“FC+以太”架构，它是一种较为成熟的制作系统存储解决方案，有效地满足了访问的低延时、低误码、高带宽的要求。在光纤存储网络架构下，终端通过数据块的方式进行视音频资源的存储访问，其光纤链路的访问延迟最低可达毫秒级。SAN存储网络的实时传输性能远远高于其他存储架构。SAN 存储网络结合先进的文件系统软件可以有效地保障存储访问的稳定性，高效地利用带宽资源。同时，在大型网络中，系统需要配置相应的元数据管理服务器对存储网络进行管理。

在存储网络选择方面，目前全画幅的无压缩4K素材存储量约3TB/h，而采用4：4：4 量化的ProRes约为570GB/h，如果采用4：2：2量化则为240GB/h。无论采用哪种存储方式，实际上对整个存储网络都会造成较大的压力。新疆兵团电视台的设计采用4：2：2的ProRes 格式，但随着超高清技术的成熟，未来可以考虑升级到4：4：4的量化水平。

新疆兵团电视台电视节目制作网络系统中的技术架构和设备性能如下：

1. 新建系统中的技术架构和设备性能需要满足以下条件：

（1）采用“FC+ 以太”双网架构。

（2）存储设备有效容量为90TB，有24个8Gb/s的光纤端口。存储系统读、写性能要求以 SPC–2测试报告中LFP 给定值为标准，达到8100MB/s 和 5600MB/s左右，VOD（Video on Demand）指标达到 10 000MB/s 左右。

（3）制作网络支持上载、配音、制作共计 24 个站点。

① 姜春生. 超高清节目制作系统建设［J］. 广播与电视技术，2015（8）：50–58.

（4）网络支持异构平台互连。提供苹果网络与 Windows 平台的互连功能，实现磁盘阵列的共享和跨平台的使用，实现节目的文件级交换和成品节目、节目素材的共享。

（5）系统提供后台转码功能，可实现多种格式的输出。

2. 系统内的主要硬件设备配置如下：

（1）中央存储：Hitachi Unified Storage VM。

（2）光纤交换机：Brocade 6505。

（3）服务器：Dell Power Edge 12G R720，Apple Mac Pro。

（4）光纤转换器：Promise SANLink2。

（5）光纤卡：QLogic QLE2560 8Gb PCI-E。

（6）外置接口箱：Blackmagic Design Decklink UltraStudio 4K。

3. 系统软件配置：

（1）编辑站点部分：

① 操作系统：Apple OS X Mavericks 10. 9. 3。

② 编辑软件：Final Cut Pro X 10. 1. 2。

（2）网络、存储及流程管理部分：

① 服务器操作系统：Microsoft Windows Server。

② MDC/LDAP 服务器：Apple OS X Mavericks 10. 9. 3。

③ 存储管理软件：Quantum StorNext FX 和 Apple Xsan。

④ 数据库：Microsoft SQL server 2012。

⑤ 数据库集群备份：Rose Mirror HA。

⑥ 流程管理软件：JDVN 数字视频管理系统。

在制作网搭建完毕试运行期间，为验证系统编辑制作高清和4K节目的性能，新疆兵团电视台着重对存储系统的读写性能进行了测试。系统中编辑站点采用了Mac Pro十二核2. 7GHz 机型（配备1TB闪、64GB RAM和AMD FirePro D700图形处理器），厂商已经给出测试一层4K（3840×2160p23. 98 ProRes 422）节目运行比较满意的结论。

在网络环境下，通过多台Mac客户端存储、读取及写入大容量文件，以确定存储在 Mac OS 平台下的读写性能。在网络和Final Cut Pro X 软件环境下，通过多台Apple客户端，采用 Final Cut Pro X 非编软件，测试存储的稳定读写带宽。在实际使用的系统中，存储系统配置了24个8Gbps的光纤端口，端口的总带宽为192Gbps。在进行项目性能测试时，由于设备配置较低，仅使用了存储系统的16个光纤端口（未使用到全部24个端口）。两台光交换机每台有8个端口与存储系统连接，每台光交换机接入11台Mac工作站，另有MDC、合成、转码打包、迁移7台服务器也接入了光交换机。在Final Cut Pro X软件环境下的测试使用9台Mac Pro客户端同时共播放27轨10bit高清无压缩格式视频（每轨1136Mb/s，142MB/s），在Mac Pro系统活动监视器上观察读写情况，9台站点网络存储读或写的速度合计分别达到3800MB/s左右。

从测试结果和使用效果上看，HUS VM存储与MAC平台兼容性良好、读写性能稳定。根据测试数据的结果，当前系统配置至少具备支持24台编辑站点同时编辑6层高清节目的能力，基本上能达到在20 台机器上编辑“4K” 50i25p格式2 层视频的要求。

相关的计算如下：

1. 高清节目（1920×1080 50i 25p）编辑

（1）ProRes422（HQ），1920×1080 50i25p 编码质量单个节目流占用带宽184Mb/s。

（2）单机 6 层读写占用带宽 184×6=1104 Mb/s，约为 138 MB/s。

（3）24 台机6 层同时工作读写占用带宽1104×24=26 496 Mb/s，约为 3312 MB/s。

2. 4K 高清（3840×2160 50i25p）编辑

（1）ProRes422（HQ），3840×2160 50i25p编码质量单层读写速度为737Mb/s。

（2）单机 2 层读写速度为737×2=1474 Mb/s，约 185MB/s。

（3）20台机2层同时工作最大读写速度为185×20=3700MB/s。

目前已经实现的系统留有进一步提高性能的余地：可以增加一台光纤交换

机把未用的8个存储光纤端口使用起来，充分发挥存储系统的读写性能；可以为Mac Pro工作站配置双显卡，从而使系统制作 4K 节目的能力进一步提高，以达到更好的使用效果。①

项目实训

项目名称：掌握非线性编辑系统的技术特点、工作流程和编辑方法

实训方法：实操法

实训条件：摄像机、非线性编辑设备、非线性编辑网络系统等

项目要求：1. 学生分成小组，各组分别完成一部电视作品（可选择短剧情片、短纪录片、MV等），要求运用非线性编辑软件进行编辑。

2. 熟悉某一款非线性编辑软件（如Premiere、Edius、Final Cut 、Media Composer等）的基本操作，尝试使用非线性编辑的几种基本编辑方式。

3. 在实训过程中，使学生加深对非线性编辑技术原理和系统结构的理解，运用非线性编辑系统网络的流程化管理功能，熟悉素材上载、用户管理、工程文件、成片文件、渲染文件等不同功能模块。

实训步骤：1. 教师结合教学实验室中的非线性编辑系统，讲解非线性编辑系统的技术特点，让学生熟悉非线性编辑的软硬件系统。

2. 结合学习单元四所讲解的“电视摄像技术的操作方法”，让学生们分小组用摄像机进行拍摄，采集声音素材、画面素材。

---

① 本案例内容来自新疆兵团广播电视台的姜春生发表于《广播与电视技术》2015年第8期的文章《超高清节目制作系统建设》。

3. 按照拍摄脚本，各组将素材转为适配格式存储导入，教师演示非线性编辑的基本编辑方法。

4. 学生在非线性编辑软件中对素材文件进行编辑，添加字幕、转场，制作视频特效等，然后将视频合成并输出。

项目总结：教师在课堂上展示各小组上交的作品，学生互相评价交流，教师最后进行点评，总结经验与不足。

学习单元七
电视演播室技术

学习目标

(一)知识目标

1. 理解电视演播室系统的概念、分类和构成。
2. 理解电视演播室系统的工作原理。
3. 理解虚拟演播室系统的概念和构成。
4. 理解虚拟演播室系统的工作原理。
5. 理解虚拟演播室系统的各关键技术的特点。

(二)能力目标

1. 了解电视演播室系统设备的各项功能。
2. 掌握电视演播室系统中视频系统、音频系统和灯光系统的应用操作。
3. 熟悉电视演播室系统的具体工作流程。
4. 掌握虚拟演播室系统的工作流程,了解虚拟演播室系统在谈话、新闻等类型的电视节目中的应用。

任务描述

任务一：教师组织学生实践操作电视台/媒体实验室的电视演播室系统（含虚拟演播室），分别从场景的设计、制作、调试和播出四个方面考察演播室系统在节目中的应用；从空间资源、场景搭建、画面效果等方面了解演播室系统的特点及优势。

任务二：结合对虚拟演播室系统的实地观摩与操作，一方面，分别从模型建立、摄像机定位、实时编辑、传感跟踪技术以及色键合成技术等方面了解虚拟演播室系统的关键技术；另一方面，从布景设计、灯光控制、主持人模拟等方面实践使用虚拟演播室系统。

一、电视演播室系统概述

电视演播室系统作为电视节目制作过程的一个基础系统，对电视节目的制作与播出具有重要的作用。电视演播室指的是为电视台摄制电视节目所提供的室内专用空间，电视演播室系统即在这个空间场所内既可以实现场景和舞台的搭建，同时也具备摄制电视节目所需要的视频、音频、通信、控制以及灯光等设备的系统。

从电视诞生的那一刻起，电视演播室就相伴而生，并开始在电视节目制作中起到无可替代的作用。1936年，德国博世（Bosch）公司建造了第一个电视转播室，通过它实现了柏林奥林匹克运动会的转播。中国电视演播室的发展可追溯至1958年。1958年5月1日，北京电视台在一个六十多平方米的电视演播室试验播出黑白电视节目，中国电视事业发展的序幕由此被拉开，电视演播室也开始进入人们的视野。随着电视技术的提高，电视演播室技术也得到了快速的发展。

（一）电视演播室的分类

依据不同的分类标准，我们可以将演播室划分为不同的类别：

1. 以演播室的面积进行分类

以演播室的面积来进行分类，可以分为小型演播室、中型演播室和大型演播室。

小型演播室的使用面积在100~300平方米之间，适用于人物少、场景简单的节目预告，以及一些新闻评论类、课堂教育类的电视节目。

中型演播室的使用面积在400~600平方米之间，适用于场面较小、可容纳适当观众的戏曲歌舞类以及互动类电视节目。

大型演播室的使用面积在800平方米以上，适用于场面较大并且可容纳大量观众的大型戏曲歌舞类、综艺类、颁奖典礼类以及电视剧场类电视节目。

2. 以演播室的景区或是布景方式进行分类

以演播室的景区或是布景方式进行分类，可以分为实景演播室和虚拟演播室。

实景演播室采用人工搭建实景的方式进行节目的录制。演播室搭建实景所用的道具以及布景都真实可见，搭景所用的材质多数为金属、木材和塑料，演播室内除了基础的实景和道具，还包括LED灯具以及大屏幕等。在实景演播室录制节目，摄像机可直接将拍摄到的画面传输至切换台，经切换台输出便可生成最终的画面。实景演播室制作的节目在视觉上直观可见，效果也真实可信。

与实景演播室相区别，虚拟演播室的拍摄现场由实景现场变成了一个有蓝色背景的演播室，即实景道具由一个蓝箱取代。虚拟演播室通过三维动画制作软件制作出虚拟的场景，然后计算机将虚拟场景与摄像机图像进行合成，最终呈现出浑然一体的视觉效果。通过虚拟演播室制作节目，免去了人工搭景、换景的过程，节省了大量的时间，工作效率得到提高，并且创意自由，节目的视觉效果更佳。

除了以上两种分类，我们还可以根据演播室的系统设备和视频信号进行分类。根据视频信号的技术特征，可以分为模拟信号演播室和数字信号演播室，即通过模拟信号进行传输的演播室和使用数字信号进行传输的演播室。数字信号演播室又可分为标清演播室、高清演播室和超高清演播室。随着演播室设备的更新和摄像技术的发展，演播室视频信号的技术指标也会不断地更新。

（二）电视演播室的工作原理及组成

电视演播室系统分别处理视频和音频信号，输入端分为视频和音频处理系统。视频系统由摄像机、录像机以及字幕机提供信号源并从信号输入端输入，经过分配和放大后直接输入至矩阵和切换台，信号再经过字幕叠加以及特技处理后传输至录像机和硬盘等存储设备，并通过光端机输送至播出系统；音频信号则先传输至调音台和音频矩阵，再由音频嵌入器经过分配和放大后输送给播出系统。

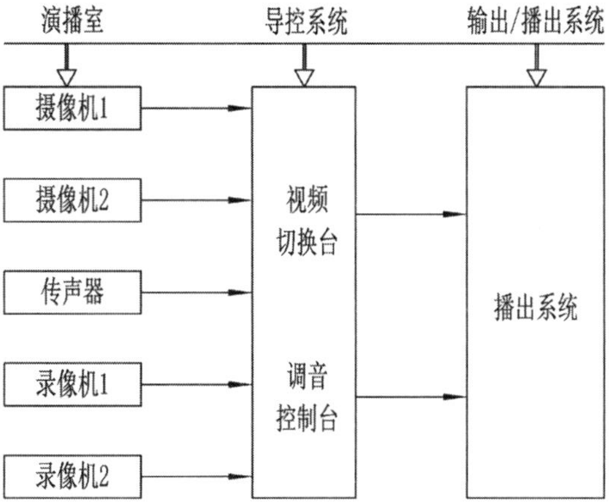

图7-1　电视演播室系统结构图

电视演播室系统主要由视频系统、音频系统、灯光系统、通话系统以及一些周边的辅助性系统构成。

1. 视频系统

演播室中的视频系统主要包括：摄像机、录像机、切换台、帧同步机、字幕机、特技机等。

（1）摄像机

摄像机是演播室系统中最为关键的设备之一，是演播室节目制作和播出最主要的信号源。在电视演播室系统中，摄像机的主要功能就是把拍摄的图像转换为视频信号，其性能的优劣程度直接关乎最终播出的电视节目的图像质量。演播室摄像机根据其体积大小和重量可分为两种类型，一种是便携式摄像机，另一种是结构与便携式摄像机大体相同的座机式摄像机，但它的体积比便携式摄像机大，机身重量也比便携式摄像机重，所以它需要安装一个较大型的机座，并且它的机身上也存在着许多开关旋钮和插孔，所使用的镜头通常是长焦距、大口径的。

（2）录像机

录像机是演播室系统中重要的存储设备，也是给视频切换台提供节目的制作源。用录像机重放的录像节目素材是事先制作好的录像资料，录像机通过重放，将录制的信号输出给视频切换台。硬盘录像机所应用的节目数字化存储，主要是将摄像机等前端设备传送过来的图像模拟信号转变成数字信号，经压缩后存储在硬盘里。

数字视频录像机（Digital Video Recorder，简称DVR）可以将数字数据录制到硬盘中，并且可以对图像和语音进行一系列操作。数字视频录像机采用数字记录技术，具有多方面的优势，比如对图像的处理与存储、图像检索与备份等，其优越性也同时体现在网络传递和远程控制等方面。

（3）切换台

切换台是演播室系统中的核心设备，切换的基本功能包括：第一，实现两个图像信号间的基本转换。例如，演播室摄制电视节目一般都是采用多角度、多机位以及多景别的拍摄方式，切换台的作用就是对这些从不同角度和机位拍摄的画面和图像进行筛选和切换，从而形成丰富多彩的电视节目。第二，从多路输入信号中选择一路输出，包括现场拍摄的多个摄像机、录像机、字幕机、特技机或者其他信号输出设备。第三，创造和介入特技，实现如叠影、淡入淡出、划入划出等效果。

（4）帧同步机

帧同步机在演播室系统中也是一个非常重要的设备，它是一个可以将某一路与系统不同的信号转换为能够与系统进行同步工作的信号的数字设备。主要目的是实现外来视频信号与系统内的视频信号源的频率以及相位同步，在进行切换操作时使系统输出的视频信号不发生色彩失真或图像错位、丢失等问题。简单讲，帧同步机的主要功能就是提供同步信号。

（5）字幕机

字幕机顾名思义就是在制播过程中添加字幕的设备，字幕形态包括图形和文字。一般来讲，字幕机由计算机系统、图像版以及图文创作系统即软件系统在内的三个部分组成，其主要功能和目的是添加文字和图形来补充说明节目内容，丰富电视画面。

（6）特技机

特技机是一种数字视频处理设备，可以为视频图像提供多种一维或者多维的特技变化，以增强图像的表达效果。当前部分高清数字切换台把视频特技内置到了切换台的视频工作站里。

内置的数字视频特效（Digital Video Effect，简称DVE）不仅通道丰富，还可以通过软件升级更新特技内容。[①]

2. 音频系统

演播室中的音频系统一般包括：话筒、CD机、录音机、MP3等用以提供音源的设备；调音台、扬声器负责节目监听和现场扩音；还有通信设备以及一些辅助性处理设备，包括混响器、均衡器、压缩器、延时器等。

演播室中一套完备的音频系统是以调音台为核心，并且在能够同时满足录音和扩音需要的基础上来完成电视节目声音制作的音频设备及其控制系统。

音频系统的工作原理可简单概括为：音频系统将包括话筒、CD机、录像机、录音机、MP3以及各路传声器拾取的声音等在内的音源信号输送至调音台，由调音台对各种音频信号进行选择、处理、混合后，再通过各种声音设备进行处理加工后输送至录像机和扬声器。

3. 灯光系统

演播室中的灯光系统主要包括灯光设备、调光控制系统以及布光控制系统。其中灯光设备是整个灯光系统的核心组成部分，其主要功能及目的是实现对灯光的控制和变换以及对光线和亮度的调控，从而保证摄像机可以在演播室获取高质量的图像信号并且制造出舞台灯光艺术效果。

调光控制系统主要由调光台和调光器构成。调光台是调光控制系统的人机操作界面，安装在电视演播室内，用来控制灯具的明暗变化，实现其他灯光变化效果。按照操作手法进行分类可将调光台分为手动调光台和电脑调光台两种；按照控制信号进行分类可将其分为模拟调光台、数字调光台以及网络电脑

---

① 李启青. 汤姆逊高清/数字切换台内置视频特技的深入探讨[J]. 电视字幕·特技与动画，2008（6）：56-59.

调光台三种类型。调光器在灯光控制系统中主要负责灯光功率以及亮度输出的控制工作，被输出至灯具的电压或电功率被调光器改变，从而实现灯光亮度的改变。

布光控制系统主要负责控制灯具包括升降、平移等在内的运动变化，从而使灯光设计中产生点、线、面等形态。运用不同的布光方法，可使演播室中的人物立体感增强，明暗反差适中，整个视频画面调子明快、有活力。基本布光方法一般由三个层次的光线构成：

第一层次：主光源。规定光源方向，进行主要造型，确定光影格调。

第二层次：辅助光。照亮主光未能照亮的区域，或柔化主光形成的阴影。

第三层次：逆光或轮廓光。把物体与环境间隔开，产生深度层次。

4. 通话系统

演播室中的通话系统是为了保证演播室内顺利地进行电视节目摄制工作而设置的，用于沟通和联络，进而协调各岗位工作人员（包括导演组、摄像组、技术组、演员及主持人组等）的工作。

除此之外，演播室系统还设有一些其他的周边辅助性设备，包括演播室的时钟设备。一般情况下，演播室系统都配有一套时钟设备，保证可以在标准时间下进行工作。提词器、配合摄像机使用的云台及摇臂、机柜、电视墙等也都是演播室不可缺少的设备。①

二、虚拟演播室技术基础

（一）虚拟演播室系统

虚拟演播室系统（Virtual Studio System）是从20世纪90年代发展起来的一种电视节目制作技术，并从2000年开始得到快速发展并不断成熟进步。虚拟演播室系统是将色键抠像技术与计算机虚拟现实技术相结合的一种电视节目制作系统，不仅可以帮助实现一些特技效果，还提高了时间和空间上的利用率。

① 孔繁黎. 电视演播室系统高清化改造与集群方案设计[D]. 大连：大连理工大学，2013：40.

从发展过程上讲，在1997年的全美广播电视展（NAB Show）上，美国的Evans & Sutherland公司推出了Mindset虚拟演播室系统，这是首套基于Windows NT和实时图形工作站的系统。此后的10年中，虚拟演播室厂商陆续推出自己的产品，比如加拿大Discreet Logic公司的Vapour虚拟演播室系统、以色列RT-SET公司的Larus虚拟演播室系统等。2000年之后，中国的中科大洋、奥维迅、索贝、新奥特、北大方正、深圳华强也相继推出自己的虚拟演播室产品。国内外虚拟演播室系统产品的陆续推出解决了早期的一些技术难题，比如消除了摄像机不能与背景同步运动、前景与背景透视关系不相符的弱点，同时推动了虚拟演播室技术的发展，也为电视节目的制作带来了新的技术和体验。

图7-2 傲威（ORAD）虚拟演播室系统

与实景演播室相比，虚拟演播室的技术优势有以下几方面：

1. 节省空间时间，工作效率高

与传统演播室相比，虚拟演播室的置景相对轻松简单，利用计算机技术，通过三维动画制作软件即可制作出实际不存在的或难以制作的场景，无须为演播室实际布景。同时，计算机技术可适时调整虚拟场景的大小，从而克服了实景演播室在物理空间上的局限性，节约了空间，提高了工作效率。

2. 换景轻松快捷，升级空间大

虚拟演播室摆脱了传统演播室场景固定的缺陷，具有及时更换场景的能力。传统演播室中大多都是实景演播室，场景需要现场搭建，用途相对单一，如果要更换节目，场景和道具都需要更换，费时耗力。在虚拟演播室中，同一演播室可以供不同节目使用，成本降低。虚拟演播室无论是场景布局还是道具制作都是在计算机上进行的，并且可随时对场景和道具进行快捷的变更和优化。

3. 创意自由，视觉效果佳

虚拟演播室的场景制作几乎不受任何限制，它摆脱了时间、空间和道具制作方面的限制，获得了更大的创作想象空间，创作人员可以自由发挥。虚拟场景中的空间大小、材质、道具等无论在现实中存在与否，均可在计算机上任意设定，进而打造出独一无二的场景。用计算机设计出的虚拟场景克服了传统抠图背景呆板、透视关系不相符等一些视觉上的缺陷，从而达到以假乱真甚至更逼真的效果，能够使节目效果更加绚丽多彩，更具有视觉冲击力。

（二）虚拟演播室系统的组成及原理

虚拟演播室系统主要借助了摄像机跟踪技术、色键技术、图形工作站技术、加速渲染引擎技术。虚拟演播室利用摄像机跟踪技术获取摄像机的运动位置参数，并将参数提供给图形工作站，计算机依此数据计算出前景与摄像机之间的相对位置，从而设计出适宜的虚拟场景，并使其生成的虚拟场景与前景生成一种正确的透视关系，最终应用色键技术将摄像机图像与虚拟场景图像进行合成。

虚拟演播室系统是由计算机系统、现场摄像机、摄像机跟踪系统、蓝箱背景、色键合成器、灯光系统以及视频音频切换台等构成的电视节目制作系统。在虚拟演播室中，拍摄现场由实景现场变成了一个具有蓝色背景的演播室，即实景道具由一个蓝箱取代；摄像机跟踪系统，即能够实时监测和提供摄像机运动参数，以及主持人或者演员位置信息的系统；控制、选择摄像机的前景通路系统，即包括切换器、特技台和前景视频延时器等在内的系统；键控系统，即将前景和背景无缝合成的系统；计算机虚拟场景生成系统，即能够根据摄像机跟踪器提供的数据参数制作生成虚拟背景的系统，包括场景的整体创造设计、场景的三维模型的创建以及最后的渲染生成。

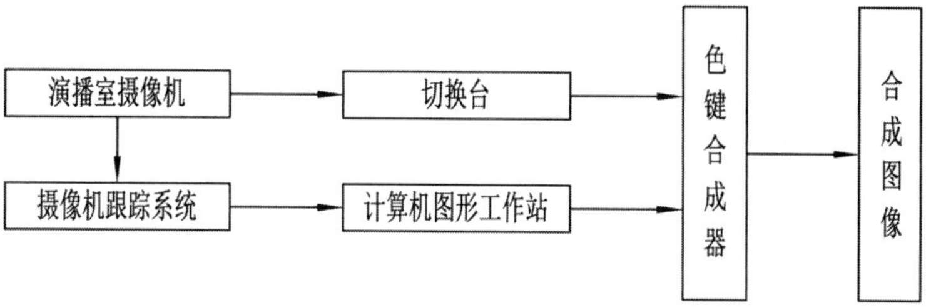

图7-3 虚拟演播室系统结构图

虚拟演播室系统基本工作流程如下：

第一步，在演播室现场搭建一块蓝色幕布作为背景，即蓝箱，供主持人（演员）活动。

第二步，摄像机录制主持人或演员在蓝色背景下的活动画面，生成前景视频信号，与此同时，摄像机跟踪器实时提供摄像机的运动参数，并将数据信息实时输入至虚拟背景成像系统里进行分析。

第三步，利用切换台上的色键功能将主持人从蓝色背景中分离出来，最后通过计算机虚拟场景生成技术把蓝色背景制作成所需要的虚拟场景，经过渲染，再与前景进行合成，并使前景与背景保持正确的透视关系，进而集成在一起。

（三）虚拟演播室的关键技术

虚拟演播室的关键技术主要包括摄像机跟踪技术、计算机虚拟场景生成技术和色键技术三个部分。

1. 摄像机跟踪技术

虚拟演播室需要通过摄像机跟踪技术提供摄像机的运动参数，包括变焦（Zoom）、聚焦（Focus）、摇移（Pan）、俯仰（Tilt）、旋转（Roll）以及空间位置参数（地面位置X、Y和高度Z）等。这些参数的获取对虚拟演播室系统来说是至关重要的，它直接影响到虚拟背景的生成。

以下简要介绍三种获得摄像机运动参数的方式，即机械传感跟踪技术方式、网格识别技术方式和红外线跟踪技术方式。

（1）机械传感跟踪技术方式

基于传感器的机械传感跟踪技术是最为传统的一种方式。为了获取摄像机镜头的运动参数，需要在摄像机镜头等位置安装一个包含着传感器的附加装置，这个附加装置称为镜头运动参数编码器，它通过托架与镜头上的变焦环和聚焦环的齿轮紧密咬合在一起。当变焦环或者聚焦环发生位置变化时，编码器便可以检测出镜头的上下左右的细微变化，并将数据编码传输出去。同样，为了采集摄像机的空间位置和透视关系数据，这个传感器也可以被安装在摄像机的三脚架、基座、滑轨、升降摇臂的摇摄轴、俯仰轴上，通过检测摄像机的升降和云台的转动等，可以获取摄像机全方位的位置关系信息和参数数据编码。

机械传感跟踪技术方式的优点有：首先，可以保证摄像机参数的精准度，其旋转角度可以达到0.001度，移动距离可以精确到0.01毫米，部分光电传感器的摇移精度可以达到0.00 035度，俯仰精度可以达到0.00 026度，主持人（演员）活动范围大；其次，跟踪数据没有延时，可以60Hz速率进行摇移、俯仰及变焦，无须额外的工作站处理跟踪信息，处理数据时间短；最后，摄像机运动不受限制，允许摄像机有更多更好的拍摄角度。

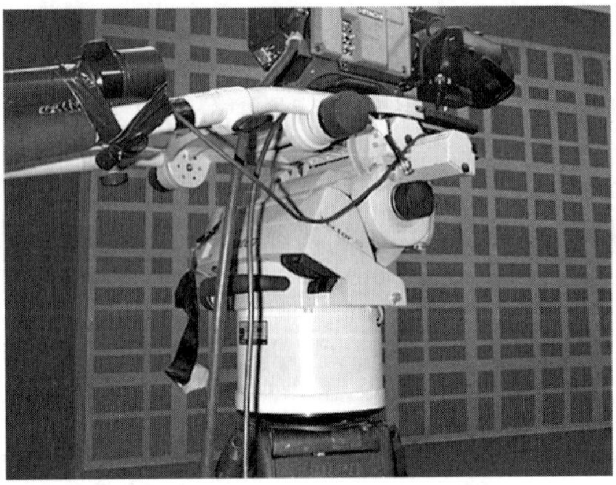

图7-4　装有跟踪传感器的云台

但是，机械传感跟踪技术方式也存在着许多不足。比如，镜头校准复杂，在使用机械传感器之前需要一个非常耗时的校准过程，以便对每个参数进行初始化定位，定义每个参数的边界值；同时，误差重复累计，因此，需要经常做镜头校准；由于摄像机镜头及云台上需要安装专用编码器，这便导致了可使用的摄像机的种类及数量受到了限制，并且每台摄像机必须有一个跟踪器，一般可以获取摄像机4个参数，位置参数（X，Y，Z）无法获取；而且机械传感跟踪技术可能会出现由于数据精细度不足而导致的机械位置漂移的情况。

（2）网格识别技术方式

网格识别技术方式是将在蓝箱正面绘制的网格图案作为参考目标，从蓝色网格信号中提取摄像机的位置、方向和视角信息进行跟踪定位的一种方式。其工作原理是：将摄像机拍摄到的网格画面传输到网格处理器中，与计算机跟踪软件及硬件预先确定的系统原点的位置参数、镜头参数等进行对比，以确定物体与虚拟场景的透视关系及距离，实时计算出参数变化结果，并且将这些数据参数提供给虚拟场景生成系统的渲染单元进行渲染输出。

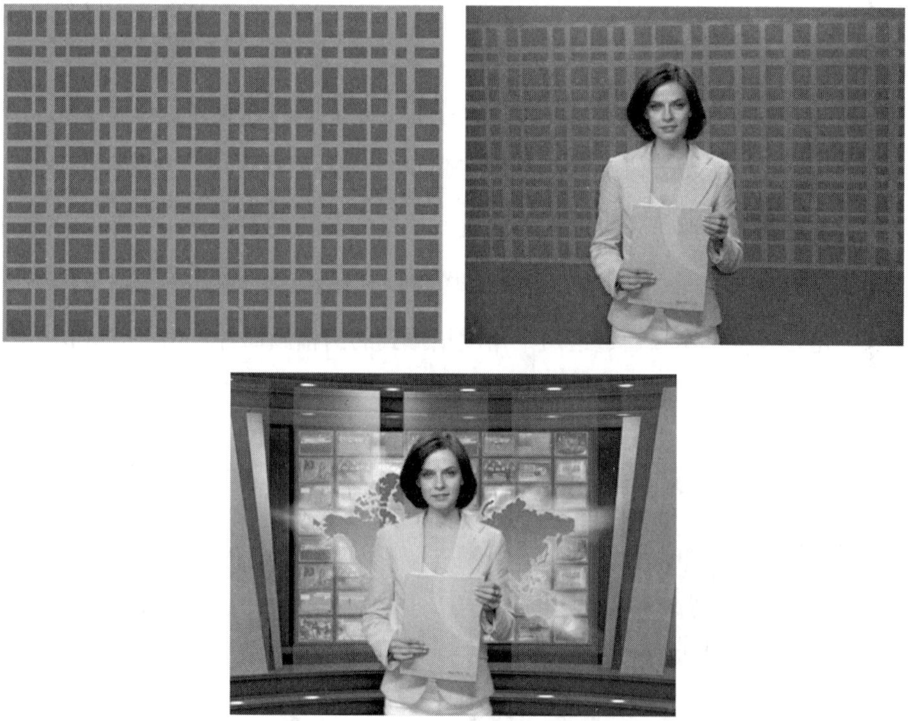

图7-5　虚拟演播室网格识别技术

网格识别技术的优点是：首先它采用视频图形的分析计算跟踪技术，可以对拍摄的场景图案进行数字分析，在摄像机的推拉摇移过程中，前景和背景也不会产生任何偏移；其次，它不需要对摄像机及镜头进行改造和校准，对于可供演播室直接使用的摄像机种类的限制大大缩减。但网格识别技术也有比较明显的局限性，它要求摄像机拍摄的画面中必须存在达到一定标准量的网格点，需要拍摄到至少四个网格点，这使得摄像机的推拉摇移以及取景范围受到了限制；不支持360度的拍摄，更适合固定机位时采用，定位的实现难度加大；主持人（演员）活动受到限制，例如，当拍摄近距离特写或是前景对背景遮挡严重的时候，画面中可能会出现网格数量太少的情况，当网格数量少于一定数量时，网格识别跟踪就可能会出现计算不准甚至是无法定位的情况。

（3）红外线跟踪技术方式

红外线跟踪技术是一项较为先进的摄像机跟踪技术，也可以和网格识别跟踪技术结合使用。它的工作原理是：利用红外线的收发装置来获取主持人（演员）和摄像机的空间位置，通常将红外线的发射装置安装在主持人（演员）和摄像机身上，而接收装置则安装在蓝色幕布的上方，即两个或多个高速红外摄像头。首先，高速红外摄像头已经利用三角定位确定了其在虚拟空间中的坐标，并且通过这两个摄像头，可以从不同角度拍摄到安装在摄像机和主持人身上的红外线发射器。之后，两个角度得到的图像以视频信号的方式传输给工作站进行数字化处理，工作站通过这两个角度拍摄到的两幅画面计算出红外线信号发生器的实时坐标，即计算出摄像机的位置和角度。

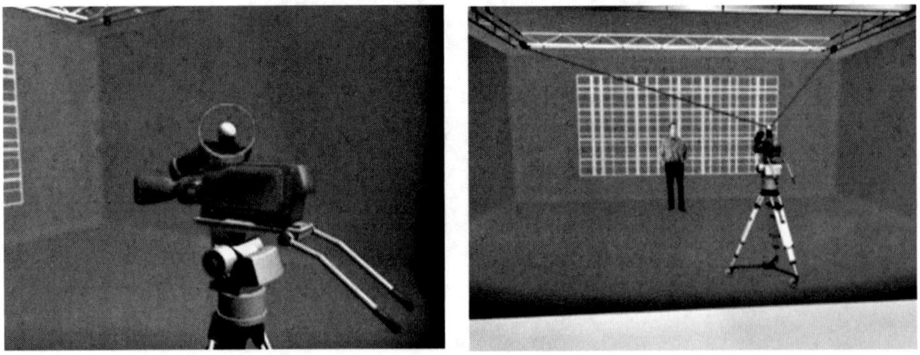

图7-6 虚拟演播室红外线跟踪技术

红外线跟踪技术的优点是：可以实现360度的拍摄，支持摄像机自由移动，可以安装摇臂；缺陷是：无法获取摄像机镜头的相关参数信息，如果要独立完成对整个动作的跟踪，则需要在摄像机上安装附加装置。

2. 计算机虚拟场景生成技术

虚拟演播室的图形工作站可以实现三维图形和视频的完美结合。在虚拟演播室系统中，场景、道具等通常都是由计算机设计出来的，其背景图像可以是静止的，也可以是动态的。基于Direct3D技术而开发的三维虚拟场景是虚拟演播室系统的重要部分。虚拟场景生成系统摆脱了一般二维背景绘制系统对前景摄像机运动的束缚，可以很便捷地实现三维场景的平移、倾斜等运动。

三维虚拟场景经历了二维（2D）方式、二维半（2.5D）方式和真三维（3D）方式多个发展阶段。二维半方式是指，布景模型的建立与现实摄影机的位置相对应，场景模型和摄影机位置关系是固定不动的，是真三维技术尚未成熟的过渡类型。真三维方式是指，摄像机能够在演播室中根据需要进行移动，在这个过程中实时读取3ds Max、Maya、Softimage等三维建模软件制作的场景源文件，并对源文件进行实时渲染。

在虚拟演播室系统中，计算机虚拟场景生成技术主要需要两大步骤。第一步是脱机工作，设计人员事先与节目组进行沟通协商，商定需要的场景，然后由专门的设计人员对需要的场景提前做出设计，进行三维建模；第二步是联机工作，以主机盒子为主系统提供虚拟场景的渲染功能服务，在计算机上实现高质量的图形效果。

虚拟演播室中的虚拟场景生成一般要经过渲染设备初始化、待渲染场景数据的读取、渲染环境的设置、根据虚拟摄像机的运动参数进行视口变换、实时裁剪不可见面、场景渲染、输出图像数据的过程。其具体的执行过程如下：

（1）虚拟场景生成系统的初始化过程：这个过程包括初始化Direct3D设备，还有初始化系统渲染环境，其目的是将旧的数据完全清除掉。

（2）虚拟场景生成系统进行渲染数据的读取与管理：用户将自定义场景的格式文件读入场景数据管理模块中，并在内存中动态创建一系列的对象来管理几何物体数据、灯光数据、材质和纹理贴图数据等。

（3）虚拟场景生成系统在渲染环境管理模块中开启对渲染环境的设置，其中包括灯光、材质、纹理过滤方式等。

（4）虚拟场景生成系统将虚拟摄像机的运动参数传输到主系统中，生成合适的视图变换矩阵，并进行视图变换。

（5）场景渲染模块根据当前虚拟摄像机试点生成视点截体后，开始进行可见物体计算，再将需要渲染的效果送入渲染管道，进行虚拟场景的渲染。

（6）数据输出模块将渲染好的三维背景图像数据专程自定义为24位格式，并放入预先定义好的缓冲区，同时通知主系统进行读取。

（7）虚拟场景生成系统等待主程序发送是否继续渲染的指令，如果收到，则再次重复前面的渲染过程。

3. 色键技术

色键技术是一种键控效果技术，在虚拟演播室技术中主要负责抠像合成。其工作原理是，摄像机在一个深饱和度的蓝色幕布背景，即蓝箱中拍摄演播室内的演员（主持人）和道具等前景，摄像机将拍摄的信号输出，色键器根据摄像机所提供的前景信号选出底幕颜色生成色键信号，使主体人物与色键背景产生分离。简单概括就是将图像中的一种或几种特定的颜色变成透明以便进行合成操作。

色键技术的质量对虚拟演播室的节目质量起着至关重要的作用，它与蓝箱、制作环境灯光和摄像机有一定关系，除此之外，由于色键处理技术是针对背景上的某一种颜色进行键控处理，因此色键信号本身的质量也会影响节目质量。

三、虚拟演播室在电视节目中的应用

虚拟演播室系统能够装载多个虚拟背景，并且能实时切换背景。利用虚拟演播室的创作和控制软件，可以实现阴影效果、自动景深、反射和虚拟出席等效果，并进行内容预览，还可以结合通用数据库协议，在天气、体育、财经、新闻中完成实时数据的更新。因此，虚拟演播室在新闻类节目、谈话类节目、体育类节目、天气类节目中被广泛应用。

以2008年北京奥运会中央电视台演播室电视节目制作为例，中央电视台对于该届奥运会的电视转播采用了7+1的报道规模，即开出7个频道进行奥运会的全天转播工作，外加1个奥运资讯频道，8个频道同时进行奥运会转播报道工作。CCTV-1综合频道和CCVT-2财经频道搭建了虚拟演播室进行直播报道工作。其中，北京奥运会虚拟演播室系统方案如下：①

CCTV-1综合频道虚拟演播室选用傲威（ORAD）公司高清ProSet虚拟演播室系统提供直播报道工作，采用4讯道，即两个固定机位，一个可移动机位以及一个升降臂机位。为保证奥运转播报道工作的顺利进行，此套傲威虚拟演播室系统将机械跟踪方式、网格跟踪方式以及红外线跟踪方式有机地结合在一起，为各个机位提供不同的跟踪方式。

ProSet虚拟演播室系统的技术特点：②

- 有两个独立的虚拟通道，直播时主备系统互为备份。每个虚拟通道包括：播出控制工作站、图形渲染工作站、网络身份识别器（DVP）、色键器等设备。
- 采用高性能的三位图形工作站HDVG，它有冗余电源以及自动傍路功能，确保直播的安全。HDVG采用Linux操作系统，控制PC采用Windows操作系统，既保障使用的方便，又保障播出系统免受病毒的侵染。基于Linux系统开发的渲染引擎图形渲染的效率更高，HDVG还拥有内置线性键，具备全屏抗锯齿、反走样，以及支持集群渲染等性能。
- 两个虚拟通道既作为主备通道，还可以作为预监通道，监看待播机位的合成效果。
- 由辅助母线切换选择外来视频信号进入图形渲染工作站。
- 系统以网络跟踪方式为基础，配合红外和机械等多种跟踪方式协同工作，

---

① 侯佳. 浅谈虚拟演播室技术在29届北京奥运会中的应用[J]. 现代电视技术，2008（11）：34-40.

② 李小康，侯佳. 虚拟演播室系统在CCTV北京奥运报道的应用[J]. 电视字幕·特技与动画，2009（3）：52-57.

跟踪方式在功能上互为补充，提高跟踪精度，扩大跟踪范围，同时提高了直播时的系统安全性。

• 整个系统的延时为3帧，ProSet在图形渲染工作站的视频延时卡完成前景与背景的视频同步。音频的延时配合调音台完成（最终调音台延时6帧口型对齐）。

• 系统支持3路HD活动视频输入，并且支持HD/SD混合输入。视频可以贴到场景中的任何物体上，视频满屏的解析度很高。

• 系统可以接受高分辨率的图像，机械跟踪摄像机可以大范围摇移、俯仰和快速聚焦。

• 整个系统采用百兆交换机连续播出控制工作站和图形渲染工作站，通过网络实现场景、数据、指令的传输。

• 系统有标准接口，可以在系统中添加和开发应用软件。

• 系统支持虚拟场景之间的快速转换。

• 系统不改变传统演播室中的工作流程和方式，通过标准接口与演播室中其他设备相连接。

如表7-1所示，通过ProSet高清虚拟演播室系统与CyberSet标清虚拟演播室系统在跟踪、制作和播控方面的比较，我们可以进一步了解ProSet系统的主要特点。

表7-1　两种演播室系统的比较

	跟踪技术方面	制作方面	播控方面
CyberSet 标清虚拟演播室系统	1. 网格跟踪 2. 机械跟踪 3. 红外跟踪采用SGI O2主机	3ds Max软件； 不具备本地渲染功能	播出状态下，无法进行场景的修调，虚拟场景的修改以及多场景的调用必须退出播出状态才能操作
ProSet 高清虚拟演播室系统	1. 网格跟踪 2. 机械跟踪 3. 红外跟踪采用CamTrack红外跟踪系统主机	3Designer软件；软件包括可供用户自由选择的大量图文和动画模版，简单实用；可进行实时渲染	播控软件使用Maestro快速生成播放列表，快速导入数据；虚拟场景的修改切换以及多场景的调试可直接通过鼠标点击完成，或者使用自动换场功能；在播出制作工程中，所有导出参数均可进行修改

ProSet虚拟演播室的应急预案系统：[1]

- 虚拟演播室系统采用主备路、双通道，主路设备故障可使用备路继续进行录制、播出及工作切换。

- 虚拟系统中的所有不同功能的硬件均事前做好备份，并对关键设备采取热备份的方式。

- 虚拟演播室系统采用网格、机械传感和红外等多种跟踪方式，其中机械传感跟踪和红外跟踪为共用设备。当共用设备发生故障时，可通过软件进行跟踪方式的转换，这便要求事先做好网格定位，以免出现转换前后的虚拟场景的位置发生偏离的情况。

- 正式转播工作开始前，事先将多个不同机位的空场景存入切换台帧存以备不时之需。这样即便在主备系统同时故障的情况下，也可将摄像机机位固定，然后通过切换台进行色键合成工作再播出。

- 虚拟演播室系统中的共用设备（机械传感器和红外跟踪）均为单电源，连接至主供电系统，当主路电路出现断电等故障无法正常加电时，则需转插到备路系统的连接板上进行直播工作。为了保证节目的正常播出，在进行主备路转插操作前，要先将系统内的跟踪方式切换成网格跟踪。

- 为了防止Reality系统提供的新台址视频源出现故障，系统可以将在白天、晚上、晴天、雨天提前录出的备用素材存入EVS作为备份。

电视演播室技术向融合媒体演播室方向发展后，能够在实景演播室和虚拟演播室结合的技术基础上，以一体化、全景化、全媒体化为设计理念，融入智慧电视、云计算技术，能够把主持人、嘉宾、观众以及远程、多地、实时互动等效果融合表现。以大洋融媒体演播室系统为例，它打破了“闸门式”的播报方式，强化了“引入式”报道模式，强调实时、空间、互动，实现了以主持人为中心的“媒资群”。

演播室类电视节目不再遵循以往传统意义的演播室布景空间设计的思路，

---

① 蔡莉莉. 关于高清虚拟演播室在北京奥运会中的应用［J］. 现代电视技术，2009（4）：58-61.

舞美编排设计更加精美，可以发挥全景式广角流动拍摄能力。全方位、多空间、多视点的演播室也极大地扩大了电视节目形态的创新空间。

图7-7 融合媒体演播室应用：虚拟大屏+前景植入+演播室与赛场互动+观众互动

四、项目案例：2008年北京奥运会电视节目在虚拟演播室中的应用

作为奥运频道，CCTV-1在虚拟演播室共制作了《新闻串联》《奥运快讯》《全景奥运》三档节目配合第二十九届奥运会的转播工作，三档节目串联播出时长达16小时左右。演播室内搭建了蓝箱和供主持人使用的桌椅，三档不同的节目使用各不相同的虚拟场景。

《新闻串联》节目负责串联播报全天主要赛事内容，虚拟场景的设计选择了北京最具标志性的建筑——天安门城楼。以天安门城楼为主背景的虚拟场景画面是摄像机二十四小时实时拍到的图像，工作人员将实时拍摄到的天安门城楼视频信号作为虚拟系统的活动视频传给演播室，在三维场景设计中与其他元素组合在一起合成整个虚拟场景，视觉效果逼真。创作人员充分利用虚拟演播室的特点和优势，为更好地配合奥运会每天不同的比赛项目，还设计制作了许多比赛场馆的三维模型供演播室进行前景的虚拟植入，随着比赛项目的变化配合场馆的转换，既向电视机前的观众展示了北京奥运会各个比赛场馆的样子，又丰富了节目效果，增强了视觉体验。

《奥运快讯》是一档新闻资讯节目，节目的首要任务是要在第一时间向电视机前的观众播报当天奥运会的重要新闻赛事和资讯内容。而《奥运快讯》的播出时间是穿插在全天的《新闻串联》节目中的，所以在节目场景设计方面，根据节目的播出特点，设计人员在《新闻串联》的景区中设计了第二景区供《奥运快讯》这档节目使用。这样一来，两档节目形成了一个有机的整体，当《新闻串联》的主持人完成播报工作再与《奥运快讯》的主持人交流后，便可进行节目间的转换，两档节目相互配合完成奥运赛事的播报工作。《奥运快讯》的景区中设有一个视窗特技，在直播过程中，导播可以根据不同的新闻内容进行相应题图之间的更换。

《全景奥运》是一档晚间新闻资讯栏目。一方面，虚拟场景的创作借鉴了鸟巢钢结构的设计灵感，设计多个视窗，在背景颜色上搭配太空蓝质感的色调，整个虚拟场景给人以现代科技感的视觉效果。另一方面，《全景奥运》设置了“我看奥运”“奥运进行时”等板块，为了丰富节目形态，《全景奥运》设计了两个景区供节目多板块使用，其中一个景区是由一个正面大的视频窗配合两边相互对称的四个小的视频窗构成，这个景区主要负责及时梳理当天的比赛信息，探讨热点话题，播报“奥运村”发生的故事，聚焦奥运“明星”，预报精彩赛事等内容；另一个景区则是由一个大的视频窗搭配两个小的视频窗构成，主要应用于现场互动、连线等节目板块（如图7-8所示）。

图7-8 虚拟演播室在2008年奥运会电视节目中的应用

虚拟演播室的优点通过以上三档节目得以充分体现：首先相比实景演播室，虚拟演播室可以设计出远超实际空间的场景，例如天安门城楼的虚拟背景的设计，其视觉效果足以以假乱真；其次，在虚拟演播室中录制节目为节目制作节省了大量的时间，只要在前期将转景工作安排得当，就可以在短时间内实现场景转换和调试，这相比实景演播室而言省去了场景的搭建与拆卸的过程。①

项目实训

项目名称：虚拟演播室电视节目制作

实训方法：实地观摩、实际操作

实训条件：电视台、虚拟演播室系统等

项目要求：1. 了解演播室系统的工作流程，熟悉演播室系统的视频系统操作、音频系统操作、灯光系统设计及演播室内的搭景。

2. 了解虚拟演播室中谈话类节目、天气类节目等的制作方法，了解虚拟演播室系统采用的摄像机跟踪技术及其特点，分析节目中主持人的服装要求、灯光照明要求，了解抠像色键合成，了解计算机虚拟场景生成技术的工作流程及原理。

3. 结合实地观摩和实习操作，分析虚拟演播室节目中的场景设计、前景植入等画面效果，了解虚拟演播室对节目播出工作的应急预案，分析虚拟演播室在实际应用中的利弊。

① 本案例内容来自CCTV技术制作中心的李小康和侯佳发表于《电视字幕·特技与动画》2009年第3期的文章《虚拟演播室系统在CCTV北京奥运会报道的应用》。

实施步骤：1. 参观当地电视台的演播室，记录下演播室的场景搭建以及空间设计情况，记录下演播室各个子系统的工作原理。

2. 参与虚拟演播室系统在谈话、体育类电视节目中的制作过程。

3. 记录节目中的主持人服装、场景合成效果、场景设计、画面效果等。

4. 结合实践操作，归纳资料并整理相关记录，撰写实践观察报告。

项目总结：提交实践报告，在课堂上进行PPT展示，要求内容全面、层次清晰、数据精准、分析透彻。

学习单元八
后期合成技术

学习目标

（一）知识目标

1. 了解电视节目后期合成技术的历史沿革和发展过程。

2. 理解后期合成技术色彩校正（调色）、键控抠像、跟踪与稳定、特效、3D合成等几个主要功能模块的内容和特点。

3. 了解在线图文包装系统的技术特点和工作原理。

（二）能力目标

1. 了解Cinema 4D、After Effects、Maya、3D Studio Max、NUKE等数字合成软件的功能特点。

2. 熟悉某一款或几款后期合成软件的使用，能够实施合成技术色彩校正（调色）、键控抠像、跟踪与稳定、特效、3D合成等几个主要功能模块的应用，对节目素材进行后期制作。

3. 熟悉在线图文包装系统的操作流程和功能模块。

任务描述

任务一：在掌握主流后期节目制作数字软件操作的基础上，完成合成技术色彩校正（调色）、键控抠像、跟踪与稳定、特效、3D合成等几个主要功能模块的应用。

任务二：熟悉气象资讯类等电视节目中的在线图文包装操作流程，体验在线图文包装系统的操作流程和功能模块。

一、后期合成技术

（一）后期合成技术的基本内涵

传统合成技术是在拍摄阶段和胶片洗印阶段完成的，以模型制作、特殊摄影、光学合成为主要手段。美国卢卡斯电影公司1977年制作的《星球大战》，是传统合成技术的典范之作。数字合成技术主要是指运用计算机图形图像学原理和方法，在进行数字化处理之后，将多种素材和特效混合成单一复合画面的处理过程。

电视节目的后期合成技术是多种后期制作技术组成的一种笼统称呼，泛指电视节目后期制作中所涉及的技术应用。通常，后期合成技术可以被分为五个功能模块，包括色彩校正（调色）、键控抠像、跟踪与稳定、特效、3D合成。[①]

后期合成技术是一项较为典型的计算机技术，会涉及软件和硬件的应用，专业软件工具种类繁多。一般来讲，后期合成技术软件并非是专一性软件，比如非线性编辑软件Premiere也具有特效制作、调色、音频调整的功能；达芬奇调色系统（DaVinci Resolve）提供了视频剪辑、多人共同合作参与剪辑制作的功能。电视节目后期合成技术软件向着一体化的阶段发展，多人共同工作更加协调，工作效率逐渐提高。

（二）后期合成常用软件

当前使用率较高的数字合成软件有Cinema 4D、After Effects、Maya、3D Studio Max、NUKE等，不同的软件各有所长。

1. Cinema 4D

Cinema 4D是当今世界主流的3D绘图软件之一，它由德国Maxon Computer公司研发，集三维渲染、动画、特效功能于一体，而且有着高速的运算速度和强大

① 李晋林. 电视节目制作技艺［M］. 北京：中国广播电视出版社，2008：230.

的渲染插件，完全可以应对各种高质量特效的制作要求。Cinema 4D经过多次的版本升级，最新版本的功能在目前的三佳软件中已属于中高级别，它也因此跻身当今四大三维软件的行列，与Maya、XSI、3ds Max这些老牌的三维软件相抗衡，并在一些相关行业中逐步获得了一定的市场份额。

Cinema 4D可以使工作流程的进度加快，并能让展现出来的效果更加绚丽，因此Cinema 4D的应用范围越来越广，它已经涉及各行各业，包括影视制作、建筑设计、产品设计等行业。Cinema 4D具有形象、高效、兼容性强、预设丰富、人性化等特点。

2. After Effects

After Effects，简称“AE”，是Adobe公司开发的一款图形视频处理软件，属于层类型后期软件。After Effects所提供的各种效果都有很强的调节性，同时多种特效可以叠加使用，拥有数百种预设的效果和动画。After Effects与其他Adobe软件互相兼容，紧密集成，能够更大限度地发挥这一系列软件的音频、图像、视频和后期特效处理等功能，适用于大部分的电视节目合成技术。

3. Maya

Maya，中文译为玛雅，是美国Autodesk公司旗下的一款三维建模和动画软件，被广泛应用于电影、电视、广告和游戏等领域的特效创作。Maya软件功能完善、工作灵活、制作效率高、渲染真实感强，集合了先进的动画及数字效果技术。除了一般三维和视觉效果制作的功能，Maya还与最先进的建模、数字化布料模拟、毛发渲染、运动匹配技术相结合，可以提供完美的3D建模、动画、特效和高效的渲染等功能。

4. 3D Studio Max

3D Studio Max，常简称为3d Max，或3ds Max，是Discreet公司开发的（后被Autodesk公司合并）基于PC系统的三维动画渲染和制作软件，其前身是基于DOS操作系统的3D Studio系列软件。工业级的CG制作在Windows NT面世之前由SGI图形工作站独占。3D Studio Max + Windows NT组合的出现使得CG制作的门槛顿时降低，因此被广泛应用于建筑设计、三维动画、音视频制作等各种静态、动态场景的模拟制作。在Discreet 3ds Max 7后，该软件正式更名为Autodesk 3ds Max。

二、调色技术

调色是对色彩进行校正和调节的一种技术。调色技术曾主要应用于电影创作领域，随着数字化技术的发展，电视节目的质量要求不断提高，调色技术已经被广泛应用于电视节目制作技术领域，成为电视节目后期制作的重要部分之一。相比较传统的调色技术，数字色彩调节提供了更为丰富、更为细致的操作步骤，能够针对更多细节进行细微的调整。调色技术可以根据不同电视节目的要求进行不同的色彩调整与调节，从而突出电视节目的整体风格。

还原与创造是调色技术所要实现的两个最主要的目的。一方面，调色技术可以还原真实色彩。在前期拍摄时，受到环境的影响及技术的制约，拍摄到的画面和人肉眼所见到的画面往往有些许偏差，调色技术可以起到技术弥补的作用，能够尽可能地还原人的肉眼所看到的画面，从而增强画面的真实感。

另一方面，调色技术可以创造艺术风格。在电视节目的制作过程中，不同的电视节目拥有不同的风格与特色，调色技术能够针对不同的制作风格进行不同的艺术创造，从而实现创作者的艺术表达，起到突出节目特色的作用。例如，在综艺类电视节目的制作中，调色师可以根据节目风格确定综艺节目的主色调，也需要对节目的整体气氛进行精确的把控。

达芬奇调色系统（DaVinci Resolve）是调色最常用的系统之一。达芬奇调色系统是一款专业的针对视频的颜色进行调整和校正的软件，它包括色轮、RGB曲线、LUT等分级调色工具，能够对每一帧的画面颜色进行细微的处理，实现颜色的校正和调整。

达芬奇调色系统将剪辑工作和调色工作通过时间线结合在一起，能够在视频编辑和调色两种界面之间来回切换，在切换的同时，时间线的数据与外观也在随之改变，从而极大地提高了工作效率，这种便捷的单一共享时间线的操作方式，成为达芬奇调色系统最大的功能特点。达芬奇调色系统还提供了协同工作的平台，多个制作方共同协作，多个调色师和剪辑师共同工作，共享多种资源。达芬奇调色系统的操作台也能够配合软件实现更好的调色效果。

（一）调色的两个阶段：一级调色

调色技术一般是在剪辑与特效制作之后进行色彩校正与管理的过程。一级调色阶段是对整体画面的颜色，包括整体色调、白平衡、对比度的调整。一级调色能够实现电视节目中各个画面的颜色风格的统一，是调色的初步阶段。

一级调色能够对拍摄到的素材进行偏色的校正、对比度调整等初步的调节。在拍摄阶段，出于多种原因，视频素材总会与肉眼所见的画面有所偏差，对视频素材进行调整，可以起到弥补技术缺陷、统一画面的颜色与风格的作用。

色轮（Color Wheel）是调色技术的核心，是调色技术中最先要掌握和理解的知识。在一级调色中，我们首先要理解色轮的基本功能。在红黄蓝三原色对应的三个区域有三个点，应以这三个点为起点进行色彩调节变化。以达芬奇系统为例，在色轮调色的一级调色（Primaries）中，操作界面如图8-1所示：

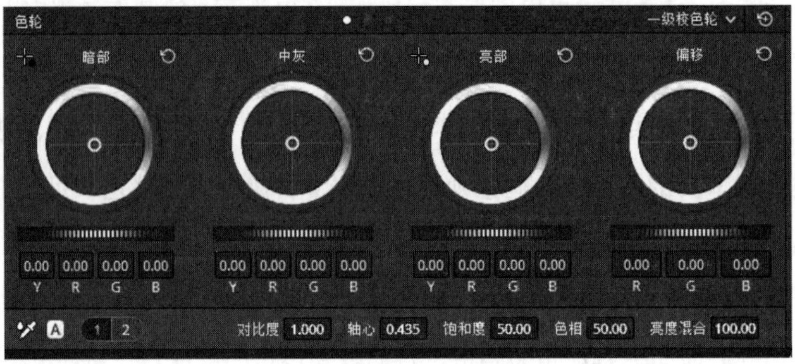

图8-1　一级调色操作界面

暗部（Lift）：对暗部的调节。向左移动，对比度渐强，暗调部分渐暗；向右移动，对比度渐弱，暗调部分渐亮。

中灰（Gamma）：对灰部的调节。向左移动，对比度渐强，图像渐暗；向右移动，对比度渐弱，图像渐亮。

亮部（Gain）：对高光的调节。向左移动，对比度渐弱，亮调部分渐暗；向右移动，对比度渐强，亮调部分渐亮。

偏移（Offset）：对整体的调节。能够对于整体图像色彩进行整体的偏移调节。

在一级调色中，Lift、Gamma、Gain相互影响，当调整其中一项时，其他的数据也都会随之发生些许变化，一级调色更适用于视频的初步加工。

（二）调色的两个阶段：二级调色

二级调色阶段是由粗到精的调色过程。二级调色主要是对指定画面区域进行调色，是对画面的颜色、色调等进行精处理的过程，通常能够实现突出某种颜色、强调某个物体的功能，注重创造视觉风格。

1. Log 模式

在电视节目的前期录制中，基于视频录制情况的不同，摄影师通常会选择Log模式来进行视频的录制，Log模式下录制的视频能够更方便后期制作人员对前期拍摄到的视频进行色彩调节，从而完成电视节目制作中的调色阶段。

Log模式通常应用于色彩的细致调节。在Log模式中，与一级调色类似，它同样具有四个色轮，这四个色轮从左到右依次对照的是阴影（Shadow）、中间调（Midtone）、高光（Highlight）、偏移（Offset）。

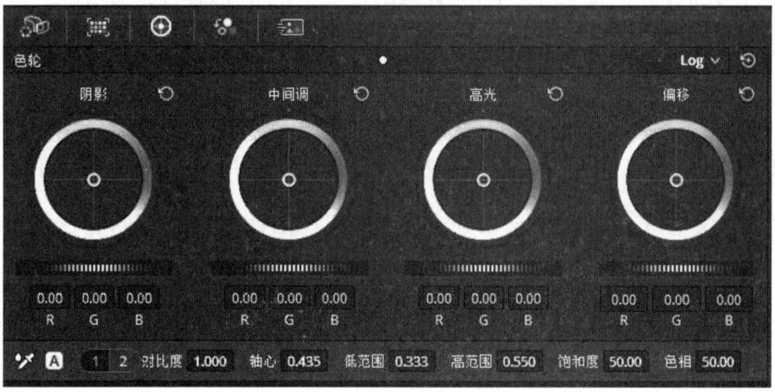

图8-2　Log模式操作界面

相比于一级调色，Log模式的四个色轮与一级调色的四个色轮的功能是基本一致的，但是在一级调色中，Lift、Gamma、Gain这三个色轮的最大值和最小值的范围是固定的；在Log模式中，Shadow、Midtone、Highlight 这三个色轮所相互影响的交叉范围是可以调整的，方便更为精细的颜色调整。

2. 抠像技巧

抠像技巧能够对画面中的单一元素进行单独筛选，从而进行单独的颜色调整，实现重点突出等功能，同时它也是弥补前期视频录制失误的重要手段。在达芬奇系统中，抠像技巧可以通过HSL标签页中的吸管工具来完成。吸管工具能够实现吸取特定颜色的功能，从而对特定颜色进行特定的处理。

3. LUT调色

LUT（Look-Up Table，色彩管理查找表）实际上就是一张像素灰度值的映射表。它可以起到校准、转换颜色空间、增强图像的光的对比度的作用。

LUT 的特点就是它能够在不改变原始文件的情况下对不同的显示设备进行色彩的校正，不对原始视频进行处理，不会给视频带来损失，同时节省了大量的渲染输出的时间。

在调色的过程中，LUT能够解决所编辑视频中的各种瑕疵，比如曝光调整、白平衡和色差的调整、饱和度的调整等。颜色空间的转换是LUT的传统功能，它能够实现空间颜色的转换，达到某种艺术效果。使用LUT能够在不改变已经对颜色所进行的校正的前提下，使所编辑的视频具有电影胶片的质感。

LUT模板能够提高调色效率。在高效的背景下，不同的组织设计了不同的LUT调色预设模板插件。LUT调色预设模板能够快捷地为视频的调色过程做出一个铺垫，使用LUT调色预设模板插件之后，调色师便可直接对画面细节进行精处理，更快地进行颜色校正和分级调色，实现由大铺垫到精修的过程。

三、抠像技术

后期合成的关键技术难点主要集中于特效处理的精细性、算法的实时性及系统各项关键算法的有效集成与调用，主要包括抠像、校色、合成、跟踪、噪声处理技术点，其中最为关键的是抠像技术和三维特征点跟踪技术。①抠像技术

① 郑鹏程，见良，刘铁华. 影视内容的高端特效包装系统论述［J］. 中国传媒科技，2016（11）：77–78.

是电视节目制作中常用的一种后期合成技术，能够完成拍摄阶段无法完成的镜头和视觉表达。常用的抠像技术有键控（Keying）、遮罩（Mask）、蒙版（Matte）三种形式。

一般意义上的抠像多数就是键控抠像，键控抠像是电视节目制作中最常用的抠像技术。键控抠像指的是从拍摄画面中选定某一种颜色（其中以蓝色和绿色使用得最多），并将之抠除，使它成为透明区域，再将画面的剩余内容和所需背景画面进行叠加合成。例如，虚拟演播室系统通常使用抠像技术将主持人与背景画面合成。

以After Effects为例，After Effects中内置的键控（Keying）有11个类别，包括（1）CC Simple Wire Removal（简单金属丝移出）；（2）Color Difference Key（颜色差异键控）；（3）Color Key（颜色键控）；（4）Color Range（色彩范围键控）；（5）Difference Matte（差异蒙版键控）；（6）Extract（提取键控）；（7）Inner/Outer Key（内/外键控）；（8）Keylight（主光键控）；（9）Linear Color Key（线性色键控）；（10）Luma Key（亮度键控）；（11）Spill Suppressor（溢出抑制）。每类键控特点各不相同，可以单个或组合运用。

在键控抠像技术的运用中，色度抠像、亮度抠像、差值抠像是使用得最频繁的抠像技术。

色度抠像，又叫色度键，主要是以颜色差异为依据建立Alpha通道，是一种基于RGB模式的抠像技术。色度抠像主要是根据画面存在的色度差异，将素材中的一种颜色或颜色范围去掉。通常情况下，键出颜色与保留颜色反差越大，越有利于颜色抠像，蓝屏抠像和绿屏抠像是常用的方式。以蓝色或者绿色作为背景的合理性在于，这两种颜色是RGB系统中的原色，比较方便处理，而且人的自然色彩中不包含这两种颜色。

亮度抠像，又叫亮度键，是以Alpha 通道为基础的抠像技术，适用于对亮度差异明显的镜头进行抠像。亮度抠像可利用镜头特定区域的亮度对比度，完成特定区域的抠除。在对背景较明亮的画面进行抠像处理时，先抠除掉明亮的背景，然后与需要的背景进行叠加，从而合成出新的画面。

差值抠像，又叫差值键，一般是当没有条件进行蓝幕或绿幕拍摄，或拍摄的动作不能达到纯色抠像的效果时，就可以采用差值键进行抠像。其原理是寻找两段同机位拍摄画面的差别并将其保留为Alpha通道，之后，将所选择的差别画面作为背景画面去除。

在应用抠像技术的过程中，会因为颜色、光线、人物着装、距离、分辨率等原因，造成最终抠像效果不佳，影响合成效果。在实际操作中，一般应注意以下几方面问题：（1）蓝幕或绿幕要干净、平坦、均匀；（2）现场灯光的布置要合理，空间灯光要均匀，比如避免话筒阴影等投于背景之上，多使用柔光纸，减少直射光等；（3）拍摄主体与背景距离适当拉大，拍摄主体颜色和背景色应有反差，保证被摄物体的边缘处于平滑状态，轮廓清晰，以确保后期抠像边缘的清晰；（4）注重视频素材的高质量，利于后期进行抠像。

四、3D合成技术

3D，是“3 Dimensions”的简称，中文指的是三维，包括长、宽、高三个维度。人们日常所处的现实世界就是一个三维立体空间，其中的物体均为三维对象。三维空间中的对象会与其所处的空间相互影响，例如产生阴影、遮挡，等等，有时还会因为观察视角的不同产生透视和聚焦等。3D合成技术是在普通层的二维平面X、Y轴的基础上再增加具有纵深感的Z轴而形成的。三维空间合成同3D动画软件的建模环境相似，也拥有X、Y、Z轴空间、灯光以及产生观察视角的摄像机。但不同的是，三维空间合成建立的对象不再是成千上万的三维物体，而是若干个厚度很薄的二维图像画面。三维空间合成就是普通拍摄物体的二维底片借助全息方法，再现原物体三维立体形象的一种技术。

3D合成技术能够提供功能强大的、直观的、交互式的三维场景设计环境；支持无限层叠加，提供精细的物体材质控制参数，令三维物体的质感更加立体；支持无限可动画的、不同类型的空间光源，展现逼真的光影效果；可自定义三维虚拟摄像机属性，模拟摄像机运动拍摄效果，让创作者在真正的三维空间中实现二维、三维场景和物体的无缝整合。①

3D合成是再现物体360° 环视像的有效方法，使人具有“身临其境”的逼真感。3D合成技术依赖于对立体三维显示技术的图像处理与理解能力的运用，以实现模拟视觉的功能。3D合成系统的视觉临场感与图像处理质量、图像识别能力、图像处理速度、系统理解能力息息相关。与二维合成相比较，三维空间合成需要更大的运算量和更多的合成时间，但可以产生空间感、透视感更强的画面，提供更广阔的创作空间。

三维空间是一个可以对物体、颜色、纹理和灯光做出定义的开放空间。创建3D动画的过程包含以下几点：在场景中建立模型，设置材质、灯光、摄像机并进行渲染，最终得到理想效果。目前主流的影视特效合成软件，如Houdini、LightWave、Maya、NUKE、Combustion等，都具有3D合成的功能。以NUKE为例，其3D合成应用可以根据用户的使用习惯，随意切换不同的软件操作模式，对三维物体进行选择、移动、旋转和缩放，还可以进行摄像机、灯光、三维物体的编辑、投影贴图、三维摄像机跟踪、图像建模、点云建模等高级操作。②

除NUKE之外，AE同样具备图层3D合成的功能。AE可使两个图层间具有X、Y位置上的差异，以及Z深度上的差异。二维图层转换为三维图层会使图层增加以下几种属性：位置（Z）、定位点（Z）、比例（Z）、方向、X轴旋转、Z轴旋转、质感选项等。通过增加这些属性，图层之间可以体现出透视关系、相互投影、遮挡等效果。在AE中处理的三维图层，需要阴影、灯光和摄影机的互相配合。AE可以架设自己的摄像机，使素材形成透视影像。此外，AE还可以给自己的摄像机设置位置关键帧，以实现各种推拉摇移的镜头效果。

五、跟踪技术

跟踪技术主要是指对画面中特征区域的跟随操作。跟踪技术实现的基本步骤为：确定需要进行运动跟踪的时间段，定义一个跟踪对象的特征区域。这个特征区域随时间的推进发生位置变化，系统软件就会在搜索区内查找特征区域

① 高蓉莉. 视觉特效合成技术发展分析［J］. 现代电视技术，2011（9）：114.

② 张帅. 基于NUKE平台的数字影视合成应用研究［D］. 北京：北京工业大学，2012：17.

的位置，计算出位移量，并根据特征区域的新位置，自动设置新的搜索区，以便重新查找。

跟踪点组件包含搜索范围、特征区域和跟踪位置三大要素。一般可以将跟踪方式大致分为二维跟踪和三维跟踪。二维跟踪又可以分为一点跟踪、两点跟踪和四点跟踪。

一点跟踪只需设定一个跟踪点，适用于体型比较小的单个物体或者特征明显的小范围区域；两点跟踪设定两个跟踪点进行跟踪，适用于长条物体；四点跟踪设定四个跟踪点，适用于一般的平面物体，比如电视节目中的马赛克覆盖就是四点跟踪的运用。

三维跟踪可以分为三维跟踪和摄像机跟踪两种。三维跟踪的主要过程如下：首先在视频画面中标记出特征点，特征点的选择要求有远近高低之分，并要有点之间的距离和位置数据。之后计算机将根据其位置距离关系构建出特征点的三维位置模型，并将模型点与视频画面中的特征点相结合，以模型的运动轨迹反求出摄像机的运动轨迹，并将得出的位移数据应用到视频跟踪上，达到将实际拍摄的视频画面和跟踪操作相结合的效果，常用软件有3D Studio Max等。

摄像机跟踪是通过计算机和软件模拟出拍摄时摄像机的运动轨迹，并将位移数据应用到视频跟踪，从而达到真实与虚拟的结合。①摄像机运动轨迹跟踪技术，就是通过软件的计算功能还原当时摄像机拍摄的三维场景，并通过数字技术模拟出来的。以AE为例，软件首先抓取视频中的场景和运动数据信息，其次分析数据，创建一个动态摄像机，模拟出视频拍摄时摄像机的运动轨迹。

六、在线图文包装系统

（一）在线图文包装系统的概念

在线图文包装系统，主要指在电视节目播出的同时，将要播出的内容与字幕和图形模板实时地结合在一起，同时使用系统化和模板化的图形渲染技术，

① 顾春华. PFTrack三维跟踪及其应用[J]. 影视制作，2014（7）：42-47.

根据节目的播放内容实时地将文本与图像结合在一起的过程。电视节目播出的实时性越来越强，现场纪实类节目增多，SNG卫星连线方式以及手机报、网络互动等新技术在电视节目制作中也得到越来越多的应用。在线图文包装系统的出现极大地节约了电视节目的制作时间和成本，尤其提高了直播类电视节目的制作效率，同时又丰富了视觉效果和表现形式。中科大洋、新奥特、索贝等媒体制作公司相继推出了在线图文包装系统，并被广泛地运用到电视节目制作等多个领域。

新型在线图文包装系统不仅是电视节目制作的创新技术，它在更便捷的基础上，兼容了传统的电视图文技术。在线图文包装系统的模板大致可以分为标题字幕类模板、图表类模板、导视类模板、分屏及多屏模板四种。通过在线图文包装系统，能够实现图文字幕、三维图表、直播连线、实时数据等包装效果。

（二）在线图文包装系统的功能及特点

1. 场景模拟

在线图文包装系统为电视节目制作提供了强大的三维图文制作能力，同传统的电视节目制作相比，它大幅度提升了三维图文渲染的细腻程度与质感，同时又极大地提升了制作效率。与此同时，在强大的三维图文制作的基础上，在线图文包装系统又实现了三维虚拟场景在电视节目中的精确植入，它通过读取摄像机的参数，将现实与虚拟结合，创造出细腻的真实感。而在巨大的三维虚拟场景中，通过模拟摄影机漫游，它依旧能够展现虚拟场景中的内部细节，它还能跟踪穿梭在虚拟场景中的主持人，精确地识别主持人的动作，实现虚拟与现实的结合。

2. 兼容性

虚实结合的画面效果需要强大的高清画质的支持。在线图文包装系统兼容高清画质，为播出画面的超高清晰度奠定了基础；多场景的自由拼接使一块屏幕上能够传达出更多的信息，极大地提高了节目效率；在场景输出方面，它能够自由地设置宽高比，使得电视节目的宽高比不再局限于16 ∶ 9、4 ∶ 3等传统电视节目的宽高比，能够满足任何场合的使用。

在线图文包装系统还可以实现多种素材的导入。除了传统的图片、视频及音频之外，还可以导入三维模型。在图片导入功能中，它几乎兼容所有的常见的图片格式，同时还支持PSD文件的分层导入；在视频及音频的导入功能中，它兼容所有的视频及音频格式的素材；在三维模型的导入功能中，它不仅兼容FBX和OBJ等格式的素材，也支持关键帧与骨骼动画的导入。

3. 数据收集

在兼容性的基础上，在线图文包装系统具有广泛的信息数据收集能力，并能对这些数据进行视觉化的处理。实时数据平台能够广泛地收集实时数据，除了能够对普通观众发来的互动微博、微信、短信等信息数据进行收集之外，还能够获取比如天气资讯、体育信息、财经数据等更专业更权威的数据信息。实时数据平台可以对收集来的信息进行整理和分析，以图表等形式进行可视化发布。

4. 播出控制机制

在线图文包装系统具有灵活多变的播出控制机制，能够根据不同的播放内容提供不同的播控方式，实现多种细致的播出控制操作。

在直播类电视节目中，在线图文包装系统为直播类电视节目提供了各种独立的专项播出器，比如图文播出器、滚屏播出器，标题播出器等；同时还能将各种播出器与电视节目内容结合，所有的制作一步到位，能够高效地适用于各种直播类电视节目的播出。在电视节目直播的时候，突发事件是影响电视节目播出效果的一个重要因素。在线图文包装系统为其提供了独立的预监功能，使电视节目制作人员能够提前预判将要发生的事件，提前处理突发事件，从而确保播出安全。

在线图文包装系统为主持人的工作同样提供了更便捷的途径。主持人可通过触控屏、红外遥控对场景进行控制，实现对场景的控制播出；同时还可以根据直播的具体内容进行图片缩放、多屏互动等操作，这使得主持人能够自如地去把握电视节目的节奏，引导观众的注意力，增加了电视节目的趣味性。

在线图文包装系统具有模板化和流程化的特点。工作人员只需要在电视节目播出的准备期间完成模板的制作，将其与将要播出的电视节目进行统一的整理与编排，便可在节目播出的时候直接使用该系统，极大地减少了人力物力。

5. 操作系统

在线图文包装系统提供了特有的操作界面，操作人员可在一个界面之内完成图文播出单的编辑；在跨单联动播出的时候，在进行跨屏与甩屏等操作的同时，系统设置了延迟以及同一停止点的功能，从而使电视节目的播出更加精细化。

在在线图文包装系统的一个操作界面当中，操作人员可以同时进行多种播放器的操作，比如节目LOGO、底部字幕、串联单的生成。在播出方式方面，在线图文包装系统支持自动和手动播出、顺序和倒序播出等播出方式。

在线图文包装系统还可以实现对图文的实时替换、适时修改和实时播出等功能。在直播类电视节目播出的时候，在线图文包装系统可以对其中的二维和三维场景实时切换与更改，使得各个板块能够进行平滑的切换，从而提高了电视节目的质量。在线图文包装系统还实现了多个动画同时播出的功能，在一个荧幕中播放多个动画，极大地提高了工作和播放效率。

以“石墨”视频图文展示平台（CDV Graphite）①为例，其是由新奥特研发的具备字幕制作与播放、在线包装、大屏幕展示和多屏幕互动等多种功能的视频图文展示平台。从系统功能而言，“石墨”视频图文展示平台是由在线包装、大屏制播与多屏互动、数据展示与指挥调动系统构成的。石墨视频图文展示平台不仅可以用于电视节目的直播与录播，还适用于网络视频的播出以及转播车、外场演出、大屏指挥控制中心等多种场合。它联结了电视台、网络视频播出单元和字幕制作人员、包装设计人员、节目制作与播出人员，实现了多人分工合作的工作方式。在演播室的图文包装方面，它将制作与播出等板块结合到一起，优化了字幕与图形的制作方法。不同的电视频道往往具有不同的播放风格，石墨视频图文展示平台能够根据不同的频道进行不同的设计与包装，从而突出频道的风格特色，打造频道品牌。

---

① 官方网址为：http：//www. cdv. com/?productshow/tp/237/id/17. html。

七、项目案例：后期合成技术在2017年春节联欢晚会节目中的应用

2017年春晚的虚拟植入、大屏幕视频与在线图文包装设计与制作等工作，突破了传统的在线图文包装形式，以亦真亦幻的虚拟增强现实技术、震撼绚烂的演播室大屏幕视频动画，打造出了奇观式的“视觉盛宴”。

该届春晚由主会场和四地分会场五个会场组成，运用虚拟增强现实技术为主会场演播大厅打开了“时空之门”，制造出亦真亦幻的虚拟与真实结合的空间，视觉效果震撼；在技术上充分运用全方位、多种类技术手段，并在AR（增强现实）领域积极拓展出更多的包装形态。

春晚主会场有两个讯道被设置为直播虚拟机位，分别为：虚拟植入固定机位，面向舞台中间的观众席；虚拟植入摇臂机位，面向舞台左后方的观众席。两个机位之间可以通过多角度、多层次展示虚拟及舞美的融合画面，呈现出实景所无法实现的场景效果。

图8-3　2017年春晚的两个直播虚拟机位

2017年春节联欢晚会的虚拟植入一共有24个虚拟场景的设计制作，其中《清风》《满城烟花》《金鸡报晓》《爱你一万年》《难忘今宵》等节目的虚拟植入效果得到了观众的高度认可。歌曲《满城烟花》节目中，在一片金色虚拟粒子星阵中，围绕歌手缓缓上升的环状星光将歌曲的氛围推向高潮。虚拟星光粒子元素不但烘托歌曲氛围，也为人物对唱增加了互动感。根据歌曲旋律的变化产生颜色气氛的变化，在歌曲结尾营造出“满城烟花灯火下，情深义重相映时”的独特情感氛围。虚拟灯笼形状的元素，象征着团圆与美好，呼应春晚主题。

四川凉山分会场的虚拟设计以“火”为核心元素及核心概念，结合彝族当地

文化特色，设计出“虚拟火龙”喷涌飞出，盘旋天际，在歌声中翱翔天空的“虚拟火鹰”栩栩如生，与当地的舞蹈、绚丽的烟火相结合，伴火欢歌，场面震撼。

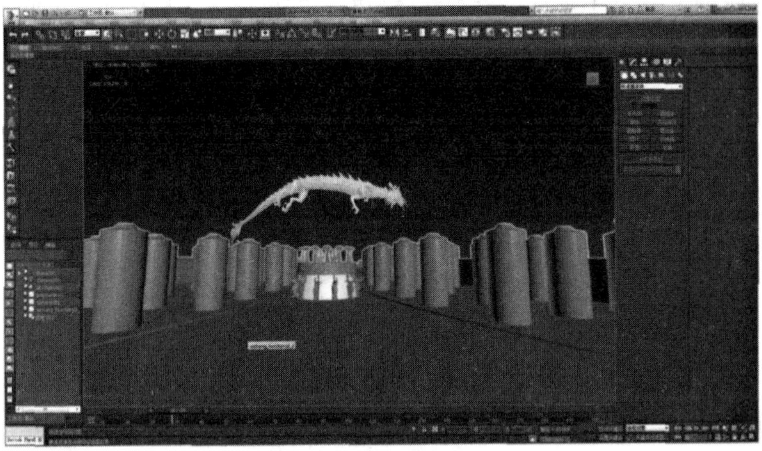

图8-4　三维火龙制作过程

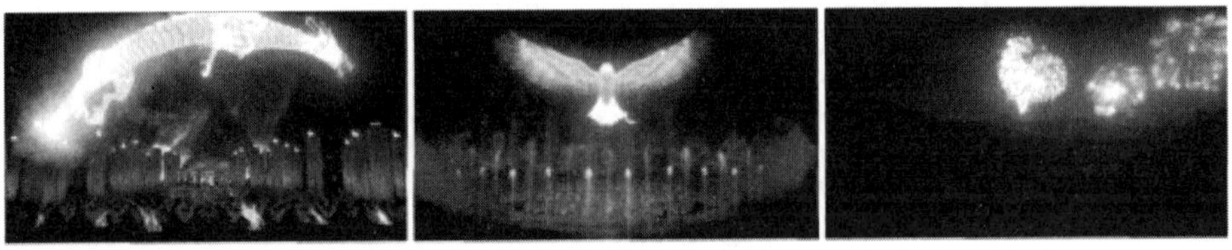

图8-5　四川凉山分会场

2017年春晚的另一大突破是在线图文包装的使用方式，节目组利用高角度的景深机位，设计制作出有立体质感的节目介绍方式，打破了传统形式，首次尝试制作出带有三维景深效果的全屏字幕条。节目组根据四个分会场的不同特点，寻找不同的设计元素和风格样式，经反复筛选后确定了主会场和分会场的设计元素，设计出冰、火、水、时尚的延展版本。

春晚主会场在线图文包装设计风格：热闹、喜庆氛围浓厚，采用中国传统年俗元素装饰；上海分会场在线图文包装设计风格：时尚、充满朝气，配色靓丽，以城市的剪影勾勒；哈尔滨分会场在线图文包装设计风格：冰雪的天地，冷色调配色，使用冰雪元素；广西桂林分会场在线图文包装设计风格：好山好水好风光，冷色调配色，使用水纹装饰；四川凉山分会场在线图文包装设计风格：以火元素搭配彝族花纹，展现时尚民族风。这样打破传统形式、带有三维景深效果的全屏字幕条，不但实现了设计上的突破，在使用方式上也进行了创新。在编辑播出单和上屏调试动画和效果时，需要导播与机位调度的密切配合。运动的远景机位配合冲屏入场的三维动画，展现出三维空间中的景深效果，视觉呈现美观、时尚、绚烂，并且很好地结合了在线图文的功能来介绍歌曲，让观众既能感受不同分会场的特色，也能很好地了解节目信息等。

相声小品节目信息的呈现方式，还是沿用了传统的在线包装设计样式与使用形式。三维景深效果的全屏字幕条和传统在线图文包装二者有机结合，使2017年春晚整体视觉包装效果更新颖，视觉更美观。①

项目实训

项目名称：后期合成制作技术操作

实训方法：实操法、观摩法

实训条件：电脑、后期制作软件等

实训要求：1. 学生按照教师要求，同时发挥创造性思维，对指定电视节目素材进行后期数字合成，增强电视节目的表现力。

2. 通过观摩气象资讯类电视节目，分析在线图文包装系统的实际应用方式与效果。

实训步骤：1. 选择一种或几种主流电视节目合成软件，练习使用基本功能模块，加深对后期合成技术操作的理解。

2. 教师布置任务，提供指定的电视节目素材，由学生利用后期合成软件进行色彩调整、键控抠像、特效添加、创建3D动画等操作。

① 本案例内容来自央视数码的赵晔、封毅、耿之然、关飞发表于《影视制作》2017年第6期的文章《〈2017年春节联欢晚会〉——在线图文、虚拟植入、大屏幕设计与制作》。

3. 获取一期气象资讯类电视节目的资料，在观看过程中观察节目对图文字幕、三维图表、实时数据等包装效果的使用并进行详细记录，撰写实践报告。

项目总结：学生上交后期合成作业与实践报告，展开课堂讨论，由教师答疑。

参考文献

一、书籍

陈勤，沈潜. 大学摄像实用教程［M］. 北京：人民邮电出版社，2014.

陈思善. 电视节目制作基础［M］. 上海：复旦大学出版社，2004.

崔亚娟. 影视节目制作概况［M］. 北京：中国广播影视出版社，2016.

杜都等. 图解家用摄像机实用技巧［M］. 北京：人民邮电出版社，1996.

杜建荣. 多媒体技术基础与应用［M］. 西安：西安电子科技大学出版社，2013.

黄亚安. 电视编辑［M］. 上海：复旦大学出版社，1991.

颉宁侠. 广播节目编辑与数字音频制作技术［M］. 上海：复旦大学出版社，2008.

金岩，张生光. 数码音乐狂想［M］. 北京：人民邮电出版社，2006.

李晋林. 电视节目制作技艺［M］. 北京：中国广播电视出版社，2008.

李曼，夏光富. 影视编辑技艺［M］. 重庆：西南师范大学出版社，2007.

李念芦，李铭，王春水，朱梁. 影视技术基础［M］. 北京：北京联合出版公司，2016.

李念芦. 影视技术概论［M］. 北京：中国电影出版社，2006.

李平云. 电视节目制作［M］. 山西：山西科学教育出版社，1985.

李思维，咸彦平. 电视摄像技术［M］. 北京：电子工业出版社，1994.

李松林，董璐. 录音技术实验［M］. 哈尔滨：哈尔滨地图出版社，2010.

李兴国，田敬改. 电视照明［M］. 北京：中国广播电视出版社，2008.

李学明. 数字影视技术概论［M］. 北京：高等教育出版社，2012.

李运林，徐福荫. 电视教材编导与制作［M］. 北京：高等教育出版社，2004.

李子先. 电视摄制学［M］. 广州：广东高等教育出版社，1989.

梁小山. 电视节目制作［M］. 北京：中国广播电视出版社，2000.

刘洪艳. 电视节目制作[M]. 北京：国防工业出版社，2015.

刘怀林. 数字非线性编辑技术[M]. 北京：中国广播电视出版社，1998.

刘日宇，杨士颖. 电视现场制作[M]. 上海：复旦大学出版社，1998.

刘毓敏. 电视制作系统原理与应用实践[M]. 北京：国防工业出版社，2006.

刘长年等. 数字广播电视技术基础[M]. 北京：中国广播电视出版社，2003.

刘忠波. 纪录片创作：理论、观念与方法[M]. 天津：南开大学出版社，2014.

吕云祥. 影视技术导论[M]. 北京：清华大学出版社，2011.

马隶麟. 摄影艺术构图[M]. 上海：复旦大学出版社，1995.

孟群，孙洪亮. 电视节目制作[M]. 北京：中国传媒大学出版社，2015.

孟群. 电视节目制作技术[M]. 北京：高等教育出版社，2006.

孟群. 电视节目制作技术[M]. 北京：中国广播电视出版社，2008.

孟群. 电视数字制作技术[M]. 北京：北京师范大学出版社，2003.

孟群. 电视数字制作：融合・虚拟・互动[M]. 北京：北京师范大学出版社，2010.

孟群. 电视制作技术[M]. 北京：中国传媒大学出版社，2012.

潘宗福等. 摄像机、录像机的使用与维护[M]. 北京：新时代出版社，1990.

任远. 电视演播室制作[M]. 北京：中国广播电视出版社，1997.

施克孝，于宝富. 彩色电视照明原理与布光技巧[M]. 北京：北京农业大学出版社，1988.

孙立军，王玉琴. 动画声音创作[M]. 北京：北京联合出版公司，2015.

孙欣. 影视同期录音[M]. 北京：中国电影出版社，1999.

田永锷. 专业摄像机原理・使用・维修[M]. 北京：中国广播电视出版社，1999.

王建林. 录音技术基础[M]. 北京：中国广播电视出版社，2011.

王靖. 数字视频创意设计与实现[M]. 北京：北京大学出版社，2010.

王明臣等. 数字电视与高清晰度电视[M]. 北京：中国广播电视出版社，2003.

王世荣，谢贺添. 电视采编设备原理与使用[M]. 北京：中国广播电视出版社，1998.

谢毅，张印平. 电视节目制作[M]. 广州：暨南大学出版社，2013.

徐国光. 电视节目制作[M]. 北京：中国广播电视出版社，1991.

徐梅林，王绥祥. 彩色电视摄像机与录像机[M]. 上海：复旦大学出版社，1995.

许作民等. 电视节目制作手册[M]. 北京：中国广播电视出版社，1990.

颜志刚. 摄影技艺教程[M]. 上海：复旦大学出版社，2005.

杨盈昀等. 电视节目制作与多媒体技术［M］. 北京：中国广播电视出版社，1997.

岳志刚，王顺堂，于业成. 现代教育技术［M］. 沈阳：辽宁大学出版社，2010.

张歌东，孟群，伍建阳. 电视节目制作技术·数字化影视制作技术［M］. 北京：北京广播学院出版社，2000.

张歌东. 影视非线性编辑［M］. 北京：中国广播电视出版社，2003.

张琦等. 电视节目制作技术手册［M］. 北京：北京广播学院出版社，1990.

张琦等. 摄、录、编技术与节目制作［M］. 北京：光明日报出版社，1995.

张印平，马持节. 电视广告创意与制作［M］. 广州：暨南大学出版社，2009.

张印平，谢毅. 电视节目制作［M］. 广州：暨南大学出版社，2001.

张有录. 媒体教学论［M］. 北京：国防工业出版社，2008.

张正健. 音频设备的使用与维修［M］. 重庆：重庆大学出版社，2014.

钟大年，王桂花. 电视片编辑艺术［M］. 北京：北京广播学院出版社，1987.

朱羽君，王纪言，钟大年. 中国应用电视学［M］. 北京：北京师范大学出版社，1993.

伯格. 数字媒体技术教程［M］. 王崇文，等译. 北京：机械工业出版社，2014.

伍赞尔. 电视节目制作的管理［M］. 张一心，译. 北京：北京广播学院出版社，1991.

布林克曼. 数字合成的科学与技术［M］. 谢毓湘，等译. 北京：清华大学出版社，2011.

沃秉尔. 电视制作大全［M］. 林作坚，等译. 北京：中国电影出版社，1993.

泽特尔. 电视节目制作手册［M］. 张一心，等译. 北京：中国水利水电出版社，1998.

泽特尔. 电视制作基础［M］. 陈犀禾，译. 上海：复旦大学出版社，1998.

安德森. 电视编辑与后期制作［M］. 王寒松，译. 北京：中国电影出版社，1993.

格罗斯，拉里-沃德. 电影和电视制作［M］. 毕根辉，译. 北京：华夏出版社，2001.

二、论文

蔡莉莉. 关于高清演播室在北京奥运会中的应用［J］. 现代电视技术，2009（4）.

陈玲. 帧同步技术的工作原理及在电视播出中的应用分析［J］. 新闻传播，2015（4）.

董宇，张瑞玲. 电视纪实类节目的声音制作流程浅谈［J］. 电声技术，2015（10）.

杜百川. 2000年的电视与电影［J］. 影视技术，1995（8）.

侯佳. 浅谈虚拟演播室技术在29届北京奥运会中的应用［J］. 现代电视技术，2008（11）.

姜春生. 超高清节目制作系统建设[J]. 广播与电视技术，2015（8）.

李小康，侯佳. 虚拟演播室系统在CCTV北京奥运报道的应用[J]. 影视制作，2009（3）.

李正本. 5. 1通道环绕声节目的拾音与制作[J]. 广播与电视技术，2004（8）.

梁博，张沛，孟领. 4K超清时代来袭，需重新定义六大视频指标[J]. 通信世界，2017（8）.

廖森年. 高清视频的编码和封装方式[J]. 龙岩学院学报，2010（2）.

刘林英. 认识和使用无线话筒[J]. 音响技术，2001（4）.

卢英锁. 虚拟演播室——21世纪电视节目制作的主旋律［C］. 全国有线电视、卫星、覆盖、音频及视频技术研讨会、全国有线电视技术研讨会，2002.

马学平. 论录音音响技术与录音合成的基本要素［J］. 青海师范大学学报（自然科学版），2014（3）.

彭科. 5. 1声道环绕声与高清电视音频制作[J]. 中国传媒科技，2012（16）.

钱志远. 硬盘录音机和硬盘录像机[J]. 电子世界，2002（6）.

孙海云. 4K技术漫谈[J]. 有线电视技术，2017（1）.

谭曲. 电视摄像摇臂的使用[J]. 中国教育技术装备，2009（4）.

谭曲. 摄像机云台、三脚架的使用与维护[J]. 中国教育技术装备，2009（1）.

王继来. 常用音频接口介绍[J]. 卫星电视与宽带多媒体，2012（6）.

王健，耿业军. 非磁带记录介质高清摄像机的性能分析[J]. 电视技术，2010（2）.

王啟发. 5. 1声道环绕声制作系统[J]. 音响技术，2008（4）.

王越. 数字音频工作站在新闻节目声音制作中的应用[J]. 现代电影技术，2005（2）.

吴帆，朱伟. 新型数字电视音频编码系统：杜比E[J]. 中国传媒大学学报（自然科学版），2004（1）.

吴璜. 谈计算机工作站中的音频接口[J]. 有线电视技术，2004（11）.

吴永波. 超高清4K电视节目拍摄探讨[J]. 电视技术，2016（1）.

徐国庆. 数字音频工作站及其特点[J]. 电视工程，2009（2）.

张宝华. 数字摄像机的主要技术指标、测试及选型[J]. 广播与电视技术，2006（2）.

张立华. 基于Maya的水墨效果实现[J]. 影视制作，2010（5）.

赵晨晞. 计算机音频工作站（三）[J]. 音响技术，2001（2）.

朱海清. 浅谈调音台的调音技巧[J]. 现代电视技术，2005（9）.

孔繁黎. 电视演播室系统高清化改造与集群方案设计［D］. 大连：大连理工大学，2013.

王昕. 三维视频滤波及预测编码技术研究［D］. 成都：电子科技大学，2015.

王勇. 新一代高效视频编码研究［D］. 成都：电子科技大学，2016.

王华. 虚拟演播室中虚拟场景生成系统的设计与实现［D］. 西安：西安交通大学，2007.

王莉莉. 虚拟演播室原型系统中的关键技术研究［D］. 济南：山东科技大学，2004.

张保全. 数字高清演播室的设计与建设研究［D］. 济南：山东师范大学，2011.

三、期刊

《影视制作》

《数码影像时代》

《现代电视技术》

《电视字幕·特技与动画》

四、网站

松下电器官网，http：//prosystem. panasonic. cn

索尼（Sony）中国网站，http：//www. sony. com. cn

中科大洋官网，http：//www. dayang. com. cn

Avid官网，http：//www. avid. com

新奥特官网，http：//www. cdv. com

索贝官网，http：//www. sobey. com

索贝学院，http：//www. sobeycollege. com

森海塞尔官网，http：//zh-cn. sennheiser. com

强氧科技官网，http：//www. cgangs. com

苹果中国网站，https：//www. apple. com/cn

MAXON公司官网，https：//www. maxon. net/cn

绘声绘影官网，http：//www. huishenghuiying. com. cn

Adobe官网，http：//www. adobe. com/cn

RED数字摄像机官网，http：//cn. red. com

图书在版编目(CIP)数据

电视节目制作技术 / 刘忠波主编. -- 北京：中国传媒大学出版社，2020.6（2023.6重印）
ISBN 978-7-5657-2594-4

Ⅰ. ①电… Ⅱ. ①刘… Ⅲ. ①电视节目制作—高等学校—教材 Ⅳ. ①G222.3

中国版本图书馆 CIP 数据核字(2019)第 217259 号

电视节目制作技术
DIANSHI JIEMU ZHIZUO JISHU

主　　编	刘忠波
策划编辑	蒋　倩
责任编辑	蒋　倩
封面制作	宇宙尺度 SMIC SCALE
责任印制	李志鹏

出版发行	中国传媒大学出版社		
社　　址	北京市朝阳区定福庄东街 1 号	**邮　　编**	100024
电　　话	86-10-65450528　65450532	**传　　真**	65779405
网　　址	http://cucp.cuc.edu.cn		
经　　销	全国新华书店		
印　　刷	三河市东方印刷有限公司		
开　　本	787mm × 1092mm　1/16		
印　　张	12.5		
字　　数	185 千字		
版　　次	2020 年 6 月第 1 版		
印　　次	2023 年 6 月第 3 次印刷		
书　　号	ISBN 978-7-5657-2594-4/G · 2594	**定　　价**	42.00 元

本社法律顾问：北京嘉润律师事务所　郭建平